Recrea Books
レクリエ
ブックス

スキマ時間に！ 少人数でもできる！

脳トレで機能向上

ホワイトボードレク

作業療法士
森木勇一郎　監修

世界文化社

はじめに

レクリエーション（以下、レク）の効果は、海外では17世紀頃から考察され、日本においても明治期に「遊戯」として教育の重要テーマとされました。このように、レクは古くから人によい効果を与えるものと考えられており、それは現在にも根づいています。ただし、レクを提供するのもされるのも人間です。どちらか一方でも過度なストレスがあっては、レクのよい効果は得られません。特に介護施設では、提供する側の介護従事者の業務負担は、昨今の介護業界の人手不足等により重くなる一方となっています。しかし、そのような状況下でも、よりよいレクを提供したいという思いで、日々頑張る介護従事者は多くいらっしゃいます。そんな方たちのためにこの本は作成されました。

この本の重要な目的は、「最小の準備でより効果的にレクを進めていく」方法をお伝えることです。その方法の一つとして、介護の現場で使用頻度が高い、ホワイトボードを活用したレクのアイデアをまとめました。進め方のポイントとして、まず文字などは大きくはっきりと書きましょう。参加者は難聴の方、視力の悪い方などがいます。視覚からの情報で理解が深まり、参加がしやすくなります。また、クイズなどには生活に馴染みのあるものを取り入れ、興味関心を引き出しましょう。季節のことや「今日は何の日か」など、話題を広げるのもいいですね。介護従事者が単に答えを言うのではなく、利用者から答えを引き出すように心がけることも重要です。ちょっと難しい問題を出して脳の多くの部位を刺激することが、記憶や判断力、思考力に働きかけることになります。

本書内の各レクにそれぞれポイントが書かれています。それらも参考に、介護従事者も楽しんでレク進行を実践していきましょう。楽しまないと「楽しさ」は伝わりませんから。

監修・森木勇一郎

目次

はじめに …………………………… 2

ホワイトボードレクのコツ …………… 4

PART ❶ 歌って脳トレ …… 5

● 12か月の歌探し ……………………… 6
● 題名なんだ? ………………………… 8
● 穴に入る題名は? …………………… 10
● 題名シンクロ ………………………… 12
● カウント唱歌 ………………………… 14
● 共通点クイズ ………………………… 16

PART ❷ 言葉で脳トレ …… 19

● シャッフル文字 ……………………… 20
● かくれしりとり ……………………… 22
● 当て字クイズ ………………………… 24
● まぜまぜ言葉 ………………………… 26
● 言葉かくれんぼ ……………………… 28

PART ❸ 楽しく脳トレ …… 31

● 県名当てクイズ ……………………… 32
● 日付け遊び …………………………… 34
● 洋風漢字クイズ ……………………… 36
● 反射体操 ……………………………… 38
● 風船文字当て ………………………… 40
● 口八丁 ………………………………… 42
● 混ぜ混ぜ歌合戦 ……………………… 44
● 逆さクイズ …………………………… 46
● 歌に合わせて ………………………… 48
● なんでも日本一 ……………………… 50
● 記憶体操 ……………………………… 52
● 文章かくれんぼ ……………………… 54
● 語呂合わせクイズ …………………… 56
● 歌探し ………………………………… 58
● くくりクイズ ………………………… 60
● 言葉うらはら ………………………… 62
● 目を凝らし歌 ………………………… 64
● スターはだあれ? …………………… 66
● 食いしん坊万歳 ……………………… 68
● 穴埋め連想ゲーム …………………… 70
● 記念日足し算 ………………………… 72
● かくれ言葉探し ……………………… 74
● 秋の言葉当て ………………………… 76
● 覚えているかなクイズ ……………… 78

ホワイトボードレクのコツ

コミュニケーションを楽しみながら脳トレにもなる、手軽にできるホワイトボードレク。
コツをつかんで、毎日のちょっとした時間に取り組んでみてください。

① 司会者の進行について

ジェスチャーは大きく。

- 説明や質問などの声かけは「適度に大きな声」「ゆっくり」「わかりやすく」。
- 身振り手振り、ジェスチャーは大きく、表情豊かに行いましょう。
- ホワイトボードを隠さないように立ちます。
- ホワイトボードに書く時も体は利用者に向けましょう。
- 字はなるべく大きくはっきりと。ただし、書くのにあまり時間をかけないように。

書くときも体は利用者のほうを向いて。

さつきがさいた

② 参加者について

- 参加者は4人～20人程度が最適。
- 全員がホワイトボードが見える位置へ、できるだけ重ならないように誘導します。
- コミュニケーションが上手な利用者にも入ってもらうと話がはずみます。

③ 事前準備について

- 進行をある程度イメージしておきましょう。
- 時事ネタや天気の話などを新聞、インターネットなどで下調べをして、雑談のネタを探しておきましょう。
- 内容によっては、あらかじめ紙に書いておいて貼るだけにしておくとスムーズに進行します。ただし、準備が大変だと続かないので、あまり作り込みすぎないで。日々継続してできることが大事です。

歌って脳トレ

童謡や唱歌を歌いながら楽しくできる、
脳トレをしてみませんか？
季節に合った歌を選んだり、スキマ時間に合わせて
自由にプランを組み立てて行えます。

12か月の歌探し

12か月分の歌をあらかじめ決めておき、ヒントを出しながら月ごとの歌を当てます。

1 何をするか話す

言葉かけ例

「今日は12か月それぞれの月の歌の題名を当てるクイズをします」

「ヒントを出しますので、わかった方は手を挙げて答えてくださいね」

「今は11月なので、11月からスタートしましょう」

2 問題を出す

言葉かけ例

「11月は秋が深まる季節ですね」

「山の木々が色づく情景を歌った歌といえば?」

「難しいですか? ではヒントを出しますね」

「秋に紅葉する木といえば?」

「そう、『紅葉』です」

3 答えが出たらみんなで歌う

言葉かけ例

「正解が出ましたので、歌詞を見ながらみんなで歌ってみましょう」

※ホワイトボードに歌詞を貼り出し、見ながら全員で歌う。

別の月でも問題を出し、2、3と同様に行います。

問題例

月	歌の題名	ヒント例
1月	一月一日（いちがつついたち）	1月といえばどんな行事がありますか？ 一番大事な行事はお正月ではないでしょうか？ お正月の歌といえば？
2月	冬景色	2月は「立春」がありますが、まだ寒いですね。冬の様子を歌ったのはどんな歌でしょうか？
	雪	この時期は雪がたくさん降りますね。山や野原が雪で真っ白になったことを歌った歌がありましたね。
3月	うれしいひなまつり	桃の花が咲いて、春の訪れを感じます。桃の節句といえば、ひなまつり。ひなまつりの歌といえば？
	あおげば尊し（とうと）	年度末の時期でもあり、学校でも区切りがありますね。そうです、卒業ですね。卒業式で歌われるのは？
4月	春が来た	暖かくなって、山や野原の植物もきれいな花を咲かせます。春の始まりの歌といえば？
	花	春の花といえば桜ですよね。日本人にはなじみ深い花です。桜を歌った歌を知っていますか？
5月	こいのぼり	男の子の節句がありますね。そうです、端午の節句ですね。この時期にぴったりの歌といえば何でしょう？
	茶摘（ちゃつみ）	八十八夜を知っていますか？ その日にお茶を摘むととてもおいしいお茶になるそうです。その行事を歌った歌は何でしょう？
6月	あめふり	6月は入梅です。じめじめしてあまり気持ちのよい時期ではありません。そんな雨の時期を楽しく歌った歌といえば？
	雨降りお月さん	雨をかわいらしく歌っている歌があります。雨のなか、お嫁にいくことを歌った歌は何か知っていますか？
7月	たなばたさま	「七夕の節句（しちせき）」は何のことか知っていますか？ そうです。7月7日の七夕（たなばた）のことです。七夕で歌われるのは？
	うみ	梅雨が明けていよいよ夏本番です。青い海がまぶしいですね。海の歌といえば？
8月	東京音頭（おんど）など各地の盆踊りの歌	お盆がありますね。親戚で集まって、ご先祖が帰ってくるのを迎えます。盆踊りもこの時期です。盆踊りの歌といえば？
	炭坑節（たんこうぶし）	盆踊りは各地でいろいろな歌がありますが、福岡の炭鉱で歌われていた歌が有名です。どんな歌でしょう？
9月	虫のこえ	少しずつ暑さも和らいでいきます。セミに替わって、夜にリンリンと音色を響かせる虫を歌っているのは？
	うさぎ	十五夜のお月見があります。お月見の歌といえば？ ヒントは月にいる動物です。
10月	村祭（むらまつり）	大切な収穫の時期です。収穫を祝うお祭りをしますね。収穫祭を歌った歌といえば？
	ちいさい秋みつけた	秋がどんどん深まっていきます。秋を見つける歌がありますが、どんな歌かわかりますか？
11月	たき火	木枯らしが吹いて、ぐっと寒くなる季節です。火で暖まりたくなりますね。どんな歌を思い浮かべますか？
12月	きよしこの夜	クリスマスというのはキリストの誕生日ですね。日本でもなじみのある行事です。クリスマスの歌といえば？
	お正月	クリスマスが終わると、お正月の準備ですね。お正月を楽しみに待ちわびている歌があります。

題名なんだ？

出された歌詞の一部から、続きの歌詞を思い出し、その題名を当てます。

1 何をするか話す

言葉かけ例

「今日は歌詞をヒントに、その歌がなんという題名かを当ててもらいます」

「これから歌詞の一部を書きますので、わかった人は答えてください」

歌詞の一部を書きますので、歌の題名を当ててください。

2 問題を出す

※ホワイトボードに歌詞の途中「手袋編んでくれた」と書く。

言葉かけ例

「この歌詞だけでわかった人はいますか？」

「なかなか難しいですかね。歌詞の続きをもう少し書いてみましょう」

※ホワイトボードに書いた歌詞の下に「木枯らし吹いちゃ　冷たかろうて」と書く。

この歌詞だけでわかった人はいますか？

手袋編んでくれた

3 題名を質問する

言葉かけ例

「そうです。口ずさんでいる人もいますね」

「さて、題名は何でしょうか？」

「そうです、『かあさんの歌』が正解です！」

そうです！『かあさんの歌』が正解です！

かあさんの歌

4 答えが出たらみんなで歌う

※残りの歌詞も利用者に聞きながら書き足し、歌詞を完成させる。

言葉かけ例

「皆さんが答えを出してくださったので、歌詞が揃いました」

「この歌詞を見ながら歌ってみましょう」

歌ってみましょう！

「かあさんの歌」
かあさんが　夜なべをして
手袋編んでくれた
木枯らし吹いちゃ　冷たかろうて
せっせと編んだだよ
ふるさとの　便りは届く
いろりの匂いがした
♪かあさんが　夜なべをして

問題例

1

ヒント例

「のぼりくだりの船人が」という歌詞があります。
（右の図の位置を参考に、出したヒントの歌詞を
　ホワイトボードに書く）

もう少し書いてみましょう。「櫂のしずくも　花と散る」

歌い出しはわかりますか？

そうです。「春のうららの隅田川」ですね。題名は何でしょう？

正解は… **花**

＼ 歌ってみましょう！／

「花」
春のうららの隅田川
のぼりくだりの船人が
櫂のしずくも　花と散る
ながめを何にたとうべき

2

ヒント例

最初のヒントは「八十八夜」です。
（右の図の位置を参考に、出したヒントの歌詞を
　ホワイトボードに書く）

このあとには「若葉が茂る」という歌詞が出てきます。
ここまででわかった人はいますか？

続く歌詞には、題名が出てきますよ。さて何という歌で
しょう？

正解は… **茶 摘**

＼ 歌ってみましょう！／

「茶摘」
夏も近づく八十八夜
野にも山にも若葉が茂る
あれに見えるは茶摘じゃないか
あかねだすきに菅の笠

3

ヒント例

歌い出しは「卯の花の匂う垣根に」です。
（右の図の位置を参考に、出したヒントの歌詞を
　ホワイトボードに書く）

そのあとにはなんと続くでしょう？

そうです。「ほととぎす　はやもきなきて」

最後に題名が出てきますね。わかった人はいますか？

正解は… **夏は来ぬ**

＼ 歌ってみましょう！／

「夏は来ぬ」
卯の花の匂う垣根に
ほととぎす　はやもきなきて
忍音もらす　夏は来ぬ

4

ヒント例

「つきかげ落ちて　鈴虫鳴く」という歌詞があります。
（右の図の位置を参考に、出したヒントの歌詞を
　ホワイトボードに書く）

ここまででわかった人はいますか？

このあとに題名が出てきますよ。

「思えば遠し」そうです。「故郷の空」です。

これに続く歌詞はわかりますか？

正解は… **故郷の空**

＼ 歌ってみましょう！／

「故郷の空」
夕空はれて　秋風ふき
つきかげ落ちて　鈴虫鳴く
思えば遠し　故郷の空
ああわが父母　いかにおわす

穴に入る題名は？

ホワイトボードに書かれたいくつかの言葉をヒントに、何の歌かを当てます。

準 備

ホワイトボードに図を書きましょう

右の絵のように、5つの枠と矢印を書きます。
まわりの4つの枠には歌詞の一部を書き、中央の
枠は空欄にします。

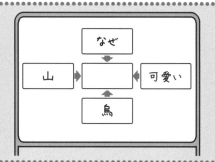

1 何をするか話す

言葉かけ例

「ホワイトボードに不思議な形の図があります」

「今日はこの図を使って、歌の題名を当てるクイズをします」

「真ん中に入るのはある歌の題名です」

「まわりに書いてあるのは、歌詞の一部です」

この真ん中に入るのはある歌の題名です。

2 問題を出す

言葉かけ例

「さてみなさん、何の歌かわかりますか?」

「ヒントを出します」

「歌詞の順番は『烏』『なぜ』『山』『可愛い』です」

「わかった人はいますか?」

「そうです。『七つの子』ですね」

烏、なぜ、山、可愛い、の順番ですね。

七つの子!

3 答えが出たらみんなで歌う

※題名を図の中央の枠に書き入れる。

言葉かけ例

「途中に入る歌詞を思い出しながら、ホワイトボードの言葉を順番に読んでみましょう」

「『烏』『なぜ』啼くの『烏』は『山』に『可愛い』七つの子があるからよ」

「それでは通しで歌ってみましょう」

歌詞	烏なぜ啼くの 烏は山に 可愛い七つの 子があるからよ

♪烏なぜ啼くの～

問題例

1

静かな
↓
いろりばた → ☐ ← 母さん
↑
お背戸(せど)

ヒント例

秋の歌です。「栗の実」という歌詞も出てきますね。
歌詞は「静かな」「お背戸(せど)」「母さん」「いろりばた」
の順番です。

正解は…➡ 里の秋

歌ってみましょう

歌詞
静かな静かな　里の秋
お背戸に木の実の　落ちる夜は
ああ　母さんとただ二人
栗の実煮てます　いろりばた

2

あるき
↓
待っている → ☐ ← じょじょ
↑
みいちゃん

ヒント例

冬から春の歌ですね。「みいちゃん」という歩き始めたば
かりの子どものことを歌っています。
歌詞は「あるき」「みいちゃん」「じょじょ」「待っている」
の順番です。

正解は…➡ 春よ来い

歌ってみましょう

歌詞
春よ来い　早く来い
あるきはじめた　みいちゃんが
赤い鼻緒の　じょじょはいて
おんもへ出たいと　待っている

3

あられ
↓
山 → ☐ ← 綿帽子
↑
枯木

ヒント例

冬の様子を歌っています。「ずんずん積る」という歌詞も
出てきます。
歌詞は「あられ」「山」「綿帽子」「枯木」の順番です。

正解は…➡ 雪

歌ってみましょう

歌詞
雪やこんこ　あられやこんこ
降っては降っては　ずんずん積る
山も野原も　綿帽子かぶり
枯木残らず　花が咲く

4

さらさら
↓
砂子 → ☐ ← お星さま
↑
ゆれる

ヒント例

夏の夜の歌です。短冊に願いを書く行事がありますね。
「さらさら」「ゆれる」「お星さま」「砂子」の順番です。

正解は…➡ たなばたさま

歌ってみましょう

歌詞
ささの葉さらさら　のきばにゆれる
お星さまきらきら　きんぎん砂子

題名シンクロ

出されたヒントをもとに、何の歌か考えます。参加者の答えがぴったり揃うまで行います。

1 何をするか話す

言葉かけ例

「今日は題名を当てる連想ゲームをします」

「ある歌にまつわるヒントを1つずつ出していきますので、思いついた題名をいってください」

「『せーの!』といったら、答えてくださいね」

> ヒントを1つずつ書いていきますので、思いついた題名を答えてください。

2 問題を出す

言葉かけ例

「最初のヒントは『あたたまる歌』です」

「思いつく題名を直感で答えてください。せーの!」

「まだ皆さんの答えは揃いませんね。ぴったり揃うまで行いますよ」

> 「あたたまる歌」といえば?

1 あたたまる歌

雪 / たき火 / 冬の夜

せーの!

3 答えが揃うまでヒントを出す

言葉かけ例

「2つめは『冬の歌』。『あたたまる歌』で『冬の歌』は何でしょう?」

「せーの! 一部の人から答えが出ましたが、まだ揃いませんね」

「3つめは、『落ち葉』が出てくる歌です」

「『あたたまる歌』で『冬の歌』で『落ち葉』が出てくる歌は?」

「せーの! そうです! 『たき火』ですね」

> 3つめのヒントは、落ち葉です。ではご一緒に。

1 あたたまる歌
2 冬の歌
3 落ち葉

たき火!

※揃わない場合は4つめ、5つめまでヒントを出します。

「4つめのヒントは『火』。『あたろうか　あたろうよ』という歌詞があります」

「5つめのヒントは『かきね』。『かきねの　かきねの　まがりかど』という歌詞から始まります」

4 みんなで歌う

言葉かけ例

「皆さん揃いましたので、最後に『たき火』を歌いましょう」

※ホワイトボードに歌詞を貼り出し、見ながら歌う。

> 「たき火」
> かきねの　かきねの
> まがりかど
> たきびだ　たきびだ
> おちばたき
> 「あたろうか」「あたろうよ」
> きたかぜぴいぷう　ふいている

♪かきねのかきねの〜

1

ヒント例

● 「秋を感じる歌」 です。

● 2つめは 「夕やけ」 です。

● 3つめは 「背中」。
「負われて見た」 という歌詞があります。

● 3番の歌詞に「十五で嫁に行き」 という歌詞があります。

＜書き方例＞

```
1 秋を感じる歌
2 夕やけ
3 背中
```

正解は… ➡ **赤とんぼ**

歌って
みましょう

| 歌詞 | 夕焼　小焼の　あかとんぼ
負われて見たのは
いつの日か |

2

ヒント例

● 「日暮れの歌」 です。

● 2つめは 「山寺」。
「山のお寺」 が登場します。

● 3つめは 「烏」。
「烏と一緒に帰りましょう」 という歌詞があります。

＜書き方例＞

```
1 日暮れの歌
2 山寺
3 烏
```

正解は… ➡ **夕焼小焼**

歌って
みましょう

| 歌詞 | 夕焼小焼で　日が暮れて
山のお寺の　鐘が鳴る
お手々つないで　皆かえろ
烏と一緒に　帰りましょう |

3

ヒント例

● 「元気がよく勇ましい歌」 です。

● 2つめは 「夏」。
夏にぴったりの歌です。

● 3つめは 「海」。
歌詞に「いそべ」 が登場します。

● 「わがなつかしき住かなれ」 という歌詞があります。

＜書き方例＞

```
1 元気がよく
  勇ましい歌
2 夏
3 海
```

正解は… ➡ **われは海の子**

歌って
みましょう

| 歌詞 | われは海の子　白浪の
さわぐいそべの　松原に
けむりたなびく　とまやこそ
わがなつかしき　住かなれ |

4

ヒント例

● 「春の歌」 です。

● 歌詞に花が2つ登場します。
1つめはすみれで、2つめはれんげです。

● 川の様子を歌った歌です。
「春の小川はさらさら行くよ」 という歌詞があります。
（「春の小川」 は声に出さないで口を動かす）

＜書き方例＞

```
1 春の歌
2 花が2つ
3 川
```

正解は… ➡ **春の小川**

歌って
みましょう

| 歌詞 | 春の小川は　さらさら行くよ
岸のすみれや　れんげの花に
すがたやさしく　色うつくしく
咲けよ咲けよと　ささやきながら |

カウント唱歌

歌詞のなかにある、特定の言葉を数えながら歌います。何回出てきたかを、答えます。

1 何をするか話す

言葉かけ例

「今日は皆さんで歌を歌い、その歌詞のなかからクイズを出しますよ」

歌った歌詞のなかからクイズを出します。

2 みんなで歌う

言葉かけ例

「皆さんで『故郷（ふるさと）』を歌ってみましょう」

「いきますよ、せーの！」

※歌詞は見ずに1番の歌詞だけ歌う。

「故郷」を歌ってみましょう。

♪ 兎追いし〜

3 問題を出す

言葉かけ例

（歌い終わったら）

「今の歌詞のなかで、"生きものの名前"はいくつ出てきましたか？」

「1つだと思う人、手を挙げてください」

「2つだと思う人！」

「3つだと思う人！」

※じっくり考えずに、直感で挙手をしてもらう。

「2つだと思う人が一番多いようですね」

歌詞のなかで生きものはいくつ出てきたでしょう？

2つだと思う人！

4 正解を確かめる

言葉かけ例

「それでは皆さんで、出てきた生きものを確かめましょう！」

※介護者はホワイトボードに、1番の歌詞を1フレーズずつ書いて、読み上げていく。

「兎追いし（うさぎ）かの山」

「早速、兎が出てきましたね。1つめの生きものです」

「小鮒釣り（こぶな）しかの川」

「小鮒というのは魚なので、生きものです。これで2つめですね」

※同様に最後まで書いていく。

「兎と小鮒が出てきましたので、正解は2つです」

生きものは、兎と小鮒が出てきたので、2つが正解です！

「故郷」
兎追いしかの山
小鮒釣りしかの川
夢は今もめぐりて
忘れがたき故郷

問題例

1

\ 歌ってみましょう！/

虫のこえ

歌詞

あれ　松虫が鳴いている
ちんちろちんちろ　ちんちろりん
あれ　鈴虫も鳴き出した
りんりんりんりん　りいんりん
秋の夜長を　鳴き通す
ああ　おもしろい虫のこえ

問題例

歌詞に入っている、虫の名前は
いくつ？

正解

2つ（松虫、鈴虫）

2

\ 歌ってみましょう！/

案山子（かかし）

歌詞

山田の中の一本足の案山子
天気のよいのにみのかさ着けて
朝から晩までただ立ちどおし
歩けないのか　山田の案山子

問題例

歌詞のなかに「か」は何回出
てきたか？

正解

8回

3

\ 歌ってみましょう！/

春が来た

歌詞

春が来た　春が来た
どこに来た
山に来た　里に来た
野にも来た

問題例

歌詞のなかに「た」は何回出
てきたか？

正解

6回

4

\ 歌ってみましょう！/

朧月夜（おぼろづきよ）

歌詞

菜の花畑（ばたけ）に　入日（いりひ）薄（うす）れ
見わたす山の端（は）　霞（かすみ）ふかし
春風そよふく　空を見れば
夕月（ゆうづき）かかりて　におい淡し

問題例

歌詞に入っている「季節を表す
言葉」はいくつ？

正解

4つ（菜の花、霞、春風、夕月）

共通点クイズ

歌詞のなかに入っている言葉で、ほかの歌との共通点を探します。

準 備

ホワイトボードに、右の図を書いておきましょう。

2×2のマス目を書き、そのなかに4つの歌の題名をランダムに書きます。

あんたがた どこさ	花
春が来た	しょうじょうじの 狸ばやし

1 何をするか話す

言葉かけ例

「ホワイトボードを見てください。歌の題名が4つ書いてありますね」

「書いてある歌の共通点を探して、仲間づくりをします」

書いてある歌の共通点を探して、仲間づくりをします。

2 問題を出す

言葉かけ例

「まずは、『あんたがたどこさ』の仲間を探してみましょう」

「どの歌かわかった人はいますか?」

「あんたがたどこさ」と仲間の歌があります。

う〜ん

3 みんなで歌う

言葉かけ例

「ちょっと難しいですよね。まずは皆さんで歌ってみましょうか」

※歌詞は貼り出さず「あんたがたどこさ」を歌う。

「あんたがたどこさ」を歌ってみましょう。

あんたがたどこさ

4 共通点を探す

言葉かけ例

「歌ったなかで、ある動物が出てきませんでしたか?」

「そうです! 狸（たぬき）が出てきましたね」

「ホワイトボードの歌の題名で、ほかにも狸が出てくる歌といえば何でしょう?」

「『しょうじょうじの狸ばやし』! 正解です」

「どちらの歌も狸が出てくるので、この2つは仲間です」

※同様に、ほかの仲間探しを行う。
例:「花」と「春が来た」の共通点は「春の歌」。

ほかにも狸が出てくる歌はありますか?

しょうじょうじの狸ばやし!

1

おさるの かごや	村祭
紅葉	アイアイ

共通点 1

歌詞に「猿」が出てくる

「おさるのかごや」
「アイアイ」

共通点 2

「秋」にちなんだ歌

「村祭(むらまつり)」
「紅葉(もみじ)」

2

雨	さくらさくら	あめふり
春が来た	雨降り お月さん	うさぎ
炭坑節	朧月夜	花

共通点 1

歌詞に「雨」が出てくる

「雨」
「あめふり」
「雨降りお月さん」

共通点 2

「春」にちなんだ歌

「さくらさくら」
「春が来た」
「朧月夜(おぼろづきよ)」「花」

共通点 3

歌詞に「月」が出てくる

「うさぎ」
「炭坑節(たんこうぶし)」
「朧月夜」

次ページに続きます

問題例

③

かあさんの歌	お正月	赤とんぼ
夕焼小焼	あおげば尊し	肩たたき
一月一日	高校三年生	うれしいひなまつり

「夕焼け」にちなんだ歌

「赤とんぼ」
「夕焼小焼」
「高校三年生」

共通点2

「お正月」の歌

「お正月」
「一月一日」
いちがつついたち

共通点3

歌詞に「母さん」が出てくる

「かあさんの歌」
「肩たたき」

共通点4

「3月」にちなんだ歌

「あおげば尊し」
「うれしいひなまつり」

④

故郷	ふじの山	きんたろう	雪
浜辺の歌	七つの子	ソーラン節	海
よさこい節	浦島太郎	蛍の光	花笠音頭
虫のこえ	われは海の子	うさぎとかめ	桃太郎

共通点1

「日本各地」の歌

「ふじの山」
「ソーラン節」
「よさこい節」
「花笠音頭」

共通点2

歌詞に「生きもの」が出てくる

「故郷」
ふるさと
「七つの子」
「うさぎとかめ」
「虫のこえ」

共通点3

昔話の主人公が出てくる

「きんたろう」
「浦島太郎」
「桃太郎」

共通点4

「海」にちなんだ歌

「浜辺の歌」
「海」
「われは海の子」

共通点5

歌詞に「雪」が出てくる

「雪」
「蛍の光」

18

言葉で脳トレ

文字を並べ替えて言葉を作ったり、
たくさんの文字の中から言葉を探したり。
会話を楽しみながら、頭を使って楽しく脳トレをしませんか？
ヒントを出して利用者の興味や関心を引き出しましょう。

「かみん」を並べかえると？

シャッフル文字

ランダムに並んだ文字を並べかえて、言葉を作ります。

こんなふうに進めてみましょう
▼
ホワイトボードに問題を書いて行います。ヒントを出しながら、3文字、4文字、5文字と難易度を上げていきます。

1 3文字の問題から始める

言葉かけ例

「文字を並べかえて、言葉を作るゲームを行います」

「では、文字を書きますので、見てください」
※ホワイトボードに「か み ん」と書く。

「わかった方はいますか？」

「並べかえると果物になりますよ」
※答えが出たら、ほかの3文字の問題で同じように続ける。

できるだけ季節に関連した言葉を出題しましょう。例えば、季節が冬で答えが「みかん」なら、「みかんのおいしい季節になりましたね」「みかんといえばこたつですね」などと話すことで今を意識したり、会話を広げたりするきっかけになります。

並べかえると果物になりますよ。

か みん

みかん！

2 文字数を増やして行う

言葉かけ例

「では次の問題です」

「今度は4文字で行ってみましょう」
※3文字と同じように行う。

今度は4文字でやってみましょう。

つ け た ま

問題例

並べかえて、3文字、4文字、5文字の言葉を作ります。

問　　題	正　解
① ど　ぶ　う	ぶどう
② ぼ　ご　う	ごぼう
③ め　す　ず	すずめ
④ じ　も　み	もみじ
⑤ た　つ　こ	こたつ
⑥ ぎ　お　は	おはぎ
⑦ ま　さ　ん	さんま
⑧ い　す　か	すいか
⑨ く　ら　さ	さくら
⑩ み　な　は	はなみ
⑪ い　ん　こ　だ	だいこん
⑫ そ　ん　え　く	えんそく
⑬ げ　め　つ　い	めいげつ
⑭ た　ぼ　ち　も	ぼたもち
⑮ つ　け　た　ま	まつたけ
⑯ こ　け　の　た	たけのこ
⑰ さ　ち　ん　ご　し	しちごさん
⑱ か　お　そ　お　み	おおみそか
⑲ ひ　ん　の　ぶ　か	ぶんかのひ
⑳ じ　り　み　も　が	もみじがり

※難易度をさらに上げる場合は、ひらがなにカタカナを混ぜます。(例)どブう→ブどう(ぶどう)

りんご→ □□□ →らっこ　間に入るのは？

かくれしりとり

空いた部分に言葉を入れて、しりとりを完成させていきます。

こんなふうに進めてみましょう

最初は普通のしりとりを行い、次に1語ごとに言葉を隠したしりとりを行います。

1 普通のしりとりを行う

言葉かけ例

「今日は皆さんでしりとりを行います」

「まずは"あき"から。続く言葉を答えてください」
※出てきた言葉をホワイトボードに書いていく。

「そうですね、皆さん、スムーズに出ましたね」

あき→きつつき→きつね→ねずみ

「み」から始まる言葉は？

みそ！

2 かくれしりとりの問題を出す

言葉かけ例

「では次は少し頭をひねっていただきます」
※ホワイトボードに右の絵のように問題を書く。

「四角に入る言葉を考えてみましょう」

「まずは"うんどうかい"と"しまうま"の間に入る言葉ですよ」

うんどうかい→□□□□→しまうま→□□→りか→□□□→すずめ

「うんどうかい」と「しまうま」の間に入る言葉は何でしょう？

3 ヒントを出す

言葉かけ例

※正解がなかなか出ない場合はヒントを出す。
「ちょっと難しいでしょうか？」

「"い"で始まって、"し"で終わる言葉ですよ」

「4文字の動物です」

「そうです！"いのしし"が正解です」
※正解が出たら、ホワイトボードに書いていく。

(正解例)いのしし、まり、からす

「い」で始まって「し」で終わる動物がいますね。

 いのしし

アレンジ

連続で隠すことで難易度が上がります

しりとりの単語を連続で隠すと難しくなります。ヒントを出しながら行ってみましょう。
(正解例)つみれ、れんげ、うし
(または、つきみ、みやげ、うし)

まんげつ→□□□→□□□→げんごろう→□□→ししまい→いかり

問題例

7つの言葉をつないで行います。四角の部分に、文字数が合う言葉を入れて完成させます。

① まつたけ→□□□□→まつぼっくり→□□□→ごま→□□□□□→
うみ

（正解例）けんだま、りんご、まんじゅう など

② こうよう→□□→りす→□□□→めじろ→□□□□→くま

（正解例）うり、すずめ、ろうそく など

③ まつり→□□□→しらたき→□□□→かもめ→□□□→かめら

（正解例）りきし、きんか、めだか など

④ さんま→□□□□→りか→□□→ききょう→□□□□→うなぎ

（正解例）まさかり、かき、うちゅう など

⑤ だるま→□□□→こけし→□□□□→けむし→□□→おんがく

（正解例）まいこ、しいたけ、しお など

⑥ ぶんか→□□→ぶり→□□□□□→めんこ→□□□→ぶどう

（正解例）かぶ、りんごあめ、こんぶ など

⑦ たけのこ→□□□□□□□□→ろうそく→□□□□→くしゃみ→
□□□□□→りきがく　（正解例）こうそくどうろ、くじゃく、みじんぎり など

⑧ やきいも→□□□→かれは→□□□□→いちょう→□□□□→
ししゃも

（正解例）もなか、はくさい、うめぼし など

⑨ さざんか→□□□□→りんどう→□□□□→こがらし→□□□□□
→しじみ

（正解例）かみなり、うみねこ、しんぶんし など

⑩ てれび→□□□□□→どなべ→□□□□→だんろ→□□□□→
ともだち

（正解例）びりやーど、べらんだ、ろけっと など

⑪ まくら→□□□□□→うさぎ→□□□→がらくた→□□□□→
きりぎりす

（正解例）らっきょう、ぎんが、たつまき など

全て都道府県名が入ります。

⑫ ながさき→□□□□→とちぎ→□□→ふくおか→□□□□→
わかやま

（正解）きょうと、ぎふ、かながわ

当て字クイズ

漢字、数字、ひらがな、カタカナが組み合わさった言葉の読み方を考えます。

こんなふうに進めてみましょう

▼

ホワイトボードに、漢字にひらがなや数字などが混ざった言葉を書き、何と読むかを当ててもらいます。

1 例題を出して説明する

言葉かけ例

※ホワイトボードに「林5」と書く。
「この文字、何と読むかわかりますか？」

「"はやし"を"りん"と読むと……、そう"りんご"ですね」

「このように漢字や数字、かなを混ぜた当て字を書きますので、何と読むか当ててください」

何と読むかを当てるクイズです。

林5

2 問題を出す

言葉かけ例

※ホワイトボードに「府湯8住」と書く。
「さて、変な言葉ですね」

「何と読めますか？」

「"ふゆはちすみ"？」

「おかしいですね？　そんな言葉はないですし……」

何と読めますか？

府湯8住

3 ヒントを出す

言葉かけ例

「ヒントは、冬に子どもたちが楽しみにしていることです！」

「8を"や"と読みましょうか」

「そうです、"ふゆやすみ"と読みます！」
※ほかの問題も同じように行う。

8を"や"と読みましょうか。

府湯8住

ふゆやすみ

問題例

いろいろな文字が組み合わさった言葉の読み方を考えます。なかなか答えが出ない時は、ヒントを出します。

問　題	正　解	ヒントの例
① 10酢	じゅーす	甘い飲み物です。「10」を「じゅー」と読みます。
② 魔2竹	まつたけ	高級なきのこです。「2」を「つ」と読みます。
③ 3真	さんま	秋においしい魚です。「真」を「ま」と読みます。
④ 歯9差1	はくさい	鍋ものや漬物で食べる野菜です。「9」を「く」、「1」を「い」と読みます。
⑤ 和尚が2	おしょうがつ	おせち料理やお雑煮を食べます。「2」を「つ」と読みます。
⑥ 87末	はなみ	桜を見に行くことです。「8」を「は」、「7」を「な」と読みます。
⑦ 酢1化ワ理	すいかわり	夏に砂浜などで行います。「1」を「い」と読みます。
⑧ 尾ツ君	おつきみ	おだんごやすすきをお供えして行う行事です。「君」を「きみ」と読みます。
⑨ 亜キ魔2リ	あきまつり	おみこしや縁日などを楽しみます。「2」を「つ」と読みます。
⑩ 籾じ我り	もみじがり	秋の行楽といえば何でしょう？風景を楽しむ行事です。
⑪ 9里巣増	くりすます	キリストの誕生を祝う日です。「増」を「ます」と読みます。
⑫ 多3祖か	おおみそか	1年の最後の日のことです。「多」を「おお」と読みます。
⑬ 1000宅キ	せんたくき	衣類をきれいにする家電製品です。「1000」を「せん」と読みます。
⑭ 風呂89	ぷろやきゅう	セ・リーグとパ・リーグがあるスポーツです。風呂の「ふ」に「゜」がついています。
⑮ 8間ノ堀	やまのぼり	頂上を目ざして歩くレジャーです。「8」を「や」と読みます。

まぜまぜ言葉

並んだ文字から2つの言葉を探します。

こんなふうに進めてみましょう

▼

ホワイトボードにカタカナを書き、その中に隠れている言葉をいくつか探してもらいます。

1 問題を出す

言葉かけ例

※ホワイトボードに文字を書く。
「皆さん、リキカクって変な言葉ですね」

「この中にはいくつかの言葉が混ざっています」

リキカクとは何のことでしょう？

リキカク

2 ヒントを出す

言葉かけ例

※まず、ヒントを出して想定した答えを導く。
「では、ヒントです。2種類の食べ物が隠れています。秋が旬のオレンジ色の果物です」

「そう、"カキ"ですね。もうひとつは何でしょうか」

「飛ばして読んだり、逆さから読んで言葉にしてもいいですよ」

「イガに覆われた木の実は……そう！"クリ"ですね」

オレンジ色の果物です。

リキカク

カキ！

3 ほかの言葉も探してみる

言葉かけ例

「実は、食べ物以外の言葉も隠れています」

「何かわかりますか？　そう、"キク"がありますね」

「ほかにもないか探してみましょう」
※"クキ""リカ"など出てくるだけ探してみる。

ほかの言葉も混ざってますよ。

キク！

クキ！

問題例

文字に隠れている言葉を探します。ヒントを出しながら、答えを導きます。

問　題	ヒントの例	正解例
① ナウツミ	季節の名前です。 暑い時期に人気の行楽地です。	ナツ、ウミ、 ナミ、ツナなど
② ネイコヌ	ライオンやトラの仲間ですが、 可愛い動物です。 ペットに人気で散歩が欠かせません。	ネコ、イヌ、 イネ、コイヌなど
③ ヤウギシ	「モー」と鳴く動物です。 紙を食べてしまう動物です。	ウシ、ヤギ、 ヤシ、ギシなど
④ メスズモカ	海にいる鳥です。 甲羅のある生き物です。	カモメ、カメ、 スズメ、モズなど
⑤ ンカゴミリ	青森でよくとれる赤い果物です。 こたつで食べたい冬の果物です。	リンゴ、ミカン、 ミリン、カゴなど
⑥ サラミクナハ	日本の代表的な花です。 春に花を見に行く行事です。	サクラ、ハナミ、 サラミ、ハラミなど
⑦ カヒヤイスケ	夏の代表的な果物です。 日に当たって肌が黒くなることです。	スイカ、ヒヤケ、 ヒスイ、イスなど
⑧ タシツケイマ	土瓶蒸しが有名です。 おめでたい時に食べる魚です。	マツタケ、タイ、 シイタケ、シツケ など
⑨ スコロシオズムギ	秋の虫です。 和食の代表です。	スズムシ、 コオロギ、スシ、 ムギなど
⑩ タガメイコトンラウシ	辛い調味料です。 博多の名物です。	トウガラシ、 メンタイコ、メンコ、 タイコなど

言葉かくれんぼ

マス目に書かれた文字から隠れた3つの言葉を探します。

こんなふうに進めてみましょう
▼

マス目に隠れている言葉を3つ探してもらいます。テーマを伝え、ヒントを出して答えを導きましょう。

用意するもの

ホワイトボードに表を書く

隠す言葉のテーマを決め、あらかじめホワイトボードに表を書いておきます。3つの言葉をランダムに書き、ほかのマスは答え以外の文字で埋めます。（例）テーマ「果物の名前」…ぶどう、りんご、なし

ぶ	が	ん	し
く	き	う	こ
り	し	け	さ
す	ど	な	ご

1 問題を出す

言葉かけ例

「皆さん、ホワイトボードを見てください」

「3つの言葉が隠れていますので、探してください」

「1文字ずつバラバラになっていますよ」

どんな言葉が隠れていますか？

2 テーマを伝え、ヒントを出す

言葉かけ例

「この中には3つの果物が隠れています」

「ひとつは、実がたくさんついていて、皮をむいて食べます」

「そう、ぶどうです！」

※正解が出たら、その文字を消す。

「次は、秋においしい果物で、産地は青森が有名です」

※出てこない時は、最初の1字を言います。

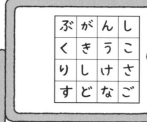

実がたくさんついていて、皮をむいて食べる果物がありますね。

ぶどう！

※答えがすべて出て、答えに関連した歌があれば、全員で歌ってもよいでしょう。（例）りんご→「リンゴの唄」など。

問題例

隠す言葉のテーマを決め、4×4、5×5の2種類のマス目で行います。

① 野菜の名前

ま	と	め	く
い	ん	こ	に
た	ど	ま	じ
つ	と	な	ん

ヒント	正　解
赤い夏野菜は？	とまと
「に」がつく野菜は？	にんじん
栄養いっぱいの菜っ葉は？	こまつな

② 花の名前

こ	あ	ら	も
さ	ご	く	す
ぴ	す	ば	ろ
る	ば	た	ら

ヒント	正　解
春に満開になる花は？	さくら
とげのある花は？	ばら
漢字で「秋に咲く桜」と書く花は？	こすもす

③ 魚の名前

ろ	あ	お	ぐ
う	さ	て	ま
つ	し	か	け
ま	も	ん	ら

ヒント	正　解
七輪で焼くとおいしい秋の魚は？	さんま
大トロ、中トロがとれる大きな魚は？	まぐろ
干して削り節になる魚は？	かつお

④ 動物の名前

え	た	い	ぬ
ら	こ	せ	お
く	い	ま	ぼ
ん	て	だ	り

ヒント	正　解
たてがみのある肉食動物は？	らいおん
ペットとして人気で、散歩が欠かせない動物は？	いぬ
鮭やはちみつが好きな動物は？	くま

次ページに続きます

⑤ 都道府県名

つ	ま	お	る	が
あ	し	な	ね	わ
ら	か	だ	ふ	ん
ざ	の	も	り	ぐ
か	ご	じ	む	ぼ

ヒント	正　解
西郷隆盛の故郷は？	かごしま
中華街や江の島があるのは？	かながわ
りんごの生産量が日本一の県は？	あおもり

⑥ 季節の行事名

い	つ	も	め	ぷ
ひ	か	じ	ぐ	ま
な	は	つ	う	ご
ぱ	ゆ	ぶ	で	つ
せ	み	ん	よ	り

ヒント	正　解
年初にお参りすることは？	はつもうで
女の子のお祭りは？	ひなまつり
豆をまいて福を呼ぶのは？	せつぶん

⑦ スターの名前

が	ば	け	み	ほ
ど	し	う	そ	し
ら	ま	な	わ	せ
の	お	ゆ	り	め
た	ひ	あ	げ	い

ヒント	正　解
昭和の天才的な歌姫は？	みそらひばり
背番号３のミスタージャイアンツは？	ながしましげお
「巨人・○○○○・玉子焼き」といわれた昭和の大横綱は？	たいほう

⑧ 料理名

で	け	い	き	あ
じ	え	す	へ	ふ
そ	や	し	お	う
ん	ほ	て	ね	べ
ら	た	び	り	と

ヒント	正　解
頭に「にぎり」「巻き」「押し」がつく料理は？	すし
串にさして焼いて、タレ味と塩味のある料理は？	やきとり
大根、ちくわ、こんにゃくなどが入っている鍋料理は？	おでん

楽しく脳トレ

県名を当てたり、日付けの数字で遊んだり、
干支を逆さから唱えたり。身近なところにある様々な題材を
もとにクイズを出しながら話を広げましょう。
体も動かしながら、おしゃべりしながら楽しんでください。

地方ごとに県名を思い出して
県名当てクイズ

① 東北地方の地図を書く

日本地図を参考に、東北地方の大まかな白地図をホワイトボードまたは模造紙に大きく描く。

声かけ例

「今日は皆さんと勉強をしたいと思います」

「まずは私がある地方の絵を描きます」
※ホワイトボードに東北地方の白地図を描く。

「下手ですが、どこだかわかりますか？　そうです、東北地方ですね」

これは東北地方です。

② 県名を聞く

利用者に県名を当ててもらう。

声かけ例

「東北地方にはいくつ県があるかご存じですか？」

「そうですね、6県ですね。皆さんには東北地方の県を当てていってもらいますよ」

「どんな県がありますか？」

「そうですね、青森県がありますね。場所はどこかわかりますか？」

「そう、いちばん上ですね」　※「青森」と書く。

東北地方にはどんな県がありますか？

青森県！

③ 残った県のヒントを出す

残った県があれば、ヒントを出して答えを導く。

声かけ例

「あと1県です。この県は仙台が有名ですよ」

「松島など景色のよい場所もありますね」
※あらかじめ下調べをして、ヒントがすぐに出せるよう準備しておく。

こんなことも

残りの1県だけを当ててもらう方法も

全部の県を言うのが難しい場合は、あらかじめ1県を除いた県名を書いておき、残りの1県を当ててもらうようにするといいでしょう。

残りの1県はどこでしょう？

この県は仙台が有名ですよ。

問 題 例

関東地方

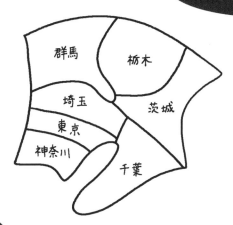

ヒント例

神奈川県…「横浜市のある県です」
　　　　　「おいしい中華料理が食べられますね」
群馬県……「草津、伊香保などの温泉地があります」
　　　　　「赤城山が名山として有名です」

中部地方

ヒント例

富山県…「ホタルイカで有名です」
　　　　「なんといっても薬といえば〇〇の薬売りですね」
岐阜県…「長良川が有名な県です」
　　　　「合掌造りの民家がある白川郷があります」

近畿地方

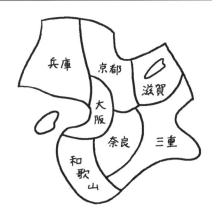

ヒント例

三重県…「昔、鳥羽水族館に行きました！」
　　　　「お伊勢さんと親しまれる伊勢神宮がある県です」
兵庫県…「宝塚歌劇がとっても華やかですね」
　　　　「毎年熱戦が繰り広げられる甲子園球場があります」

中国地方

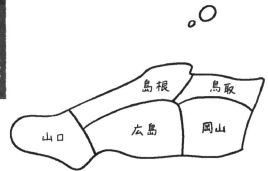

ヒント例

島根県…「石見銀山は世界遺産ですね」
　　　　「日本の神々が集まる出雲大社がある県といえば！」
岡山県…「瀬戸大橋からの景色は絶景です！」
　　　　「桃太郎のふるさとです」

四国地方

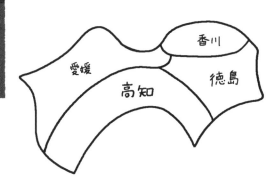

ヒント例

徳島県…「鳴門の渦潮で有名ですね」
　　　　「阿波踊りはなんと400年の歴史があるんですって！」
愛媛県…「タオルの産地今治市がある県です」
　　　　「日本を代表するみかんの産地ですね」

九州地方

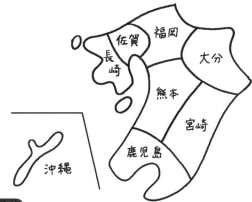

ヒント例

大分県……「干し椎茸がたくさん取れます」
　　　　　「なんといっても由布院、別府のある日本一の温泉県です」
鹿児島県…「桜島はいまだに噴火しています」
　　　　　「西郷隆盛は郷土の誇りです」

日付け遊び

① 今日の日付けを聞く

正解が出たらホワイトボードまたは模造紙に、黒のマーカーを使って大きな文字で今日の日付けを書く。

（例）2021年10月7日木曜日

声かけ例	
「今日は、西暦何年の何月何日でしょうか？」	
「そうですね、2021年10月7日ですね」	
「それでは、何曜日かわかりますか？」	
「そう、木曜日ですね」	

そう、今は
令和3年ですね。

3年！

② 元号について聞く

「2021年」の下に赤のマーカーで線を引いて、元号について質問する。正解が出たら、線の下に赤のマーカーで「令和3年」と書く。

声かけ例	
「今の元号は何でしょうか？」	
「そう、令和！　それでは、令和の何年ですか？」	
「2年？　うーん、おしい！」	
「3年！　そう、今年は令和3年ですね」	
「それでは、令和の前の元号は何でしたか？」	
「そう、平成でしたね。 その前は何かわかりますか？」	

さて、10月の別の言い方は
A、B、Cのどれでしょう？

C！

Bだよ！

③ 旧暦について聞く

「10月」の下に赤のマーカーで線を引き、A長月 ながつき B神無月 かんなづき C霜月 しもつきと書いて、旧暦ではどれか質問する。

声かけ例	
「今月は10月ですが、 別の言い方は何でしょう？」	
「A長月、B神無月、C霜月の3つのうち、 どれでしょう？」	
「Cの霜月？　それは11月なんですね」	
「そう、正解はBの神無月です。 神様が出雲の国に行ってしまい留守になる という意味だそうですよ」	

問題例

❶ 今年を平成に直すと？

声かけ例

「今年は令和3年ですね。では、平成に直すと何年でしょう？」

「平成は何年まであったかご存じですか？」

「そうです、平成は31年までありましたね」

「では今年は令和3年ですが、平成に直すと31＋3で平成34年？」

「いえいえ、令和1年と平成31年はおなじ年ですので、31＋3－1で今年は平成33年です」

「では、今年を昭和に直すと？ 昭和は何年までありましたっけ？ そう！ 64年です」

「64＋33で97年。でも平成1年と昭和64年は一緒なので97－1で96ですね。今年は昭和96年です！」

> 今年は令和3年
>
> 平成31年　31＋3－1＝33
> 　　平成33年
>
> 昭和64年　64＋33－1＝96
> 　　昭和96年

❷ 今年が始まって何日たった？

声かけ例

「今日は7月3日です！ では今年が始まって何日目がご存じですか？」

「1月は31日、2月は28日、3月は31日、4月は30日、5月は31日、6月は30日です」

「ちょっと大変ですが、31＋28＋31＋30＋31＋30を計算すると……181日ですね」

「6月の終わりで181日ですので今日が7月3日ということは……」

「そう、今年が始まって184日目となります！」

> 今日は7月 3 日
>
> 1月　31日
> 2月　28日
> 3月　31日
> 4月　30日 ⎬ 181日
> 5月　31日
> 6月　30日
>
> 181＋3＝184
> 　　184 日

❸ 今年はあと何週間？
（❷の問題の続き）

声かけ例

「今年が始まって184日目ということは、今年はあと何日ですかね？」

「1年が365日で今日が184日目ということは？」

「365－184＝181。というわけで今年は残り181日ということになります」

「181日ということは、あと何週間あるかわかりますか？」

「1週間は7日なので、181を7で割ってみましょう……25週間と6日ですね」

> 今年はあと181日
> 　　　→ 何週間？
>
> 1週間＝7日
> 181÷7＝25週と6日

洋風漢字クイズ

① 手風琴（アコーディオン）

ホワイトボードまたは模造紙に、漢字を
黒のマーカーで大きく書く。

声かけ例	
	「今日は皆さんの得意な漢字のクイズを行います」
	「難しく考えずに、単なるクイズだと思って頭をひねってみましょう」
	「楽器に関する漢字です。想像力を働かせてくださいね」
	「ではまず、この漢字です」
	「漢字の通り、手でこうやって風を送る楽器ですが、さて何でしょう？」 ※アコーディオンを演奏する真似をする。
	「そうです！　アコーディオンですね！」

こうやって手で風を送る楽器ですが、何でしょう？

手風琴

アコーディオン！

② 口風琴（ハーモニカ）

ホワイトボードまたは模造紙に、漢字を
黒のマーカーで大きく書く。

声かけ例	
	「では次に、この漢字はいかがですか？」
	「今度は口で風を送る楽器ですね」 ※ハーモニカを演奏する真似をする。
	「そうです！　ハーモニカです！言われてみると納得ですね！」

●ほかに洋琴（ピアノ）、自鳴琴（オルゴール）、三角
鉄（トライアングル）など、同様に行う。

口で風を送る楽器は？

口風琴

ハーモニカ！

ラッパ！

問題例

食べもの編

漢字	ヒント	答え
肉汁	「にくじゅう」とも読みますが、今回は違う読み方。お肉を煮込んで出汁を取ってつくるものです。	スープ
麦酒	麦芽を発酵させて飲む飲みものです。冷やして飲むと特に夏場はおいしい！	ビール
南瓜	これは野菜ですが、名前の由来はカンボジアという国からきているそうです。「カンボジア→カンボチャ→……」もうわかりましたね。	カボチャ
西瓜	夏の食べものです。名前の由来は中国の広東語で、サイクヮァというそうです。「サイクヮァ→サイカァ→スイカァ」	スイカ
桜桃	これは果物ですが、昔は果物のことを桃と呼んでいたそうです。桜になる果物といえば？	サクランボ

スポーツ編

漢字	ヒント	答え
庭球	このスポーツは昔は芝生の上でするスポーツだったそうです。球を打ちあうのにラケットを使います！ フランス人が「とぅね！」といって掛け声をかけるらしいです。「とぅね→てぅね」と変化したのでしょうか？	テニス
籠球	このスポーツは籠に球を入れると得点になります。「玉入れ」ではありませんよ。	バスケットボール
蹴球	日本にも古くから似た遊びがありました。日本では蹴鞠で鞠をつかいますが、このスポーツは球を蹴ります。	サッカー
羽球	日本にも似た遊びがあります。日本では「羽つき」といいますね！ このスポーツは、羽を打つのは羽子板ではなくラケットで打ちますよ。	バドミントン
柱技	柱を倒す技を競うスポーツです。柱といっても大きい家の柱ではなく、「ピン」と呼ばれる10本の小さい柱を倒した数で得点を競います。	ボウリング

反射体操

① 歌詞を書く

ホワイトボードまたは模造紙に、黒のマーカーを使って大きな文字で歌詞を書く。赤のマーカーで、「か」は○、「の」は□、「い」は△で囲む。

七つの子　　作詞／野口雨情　作曲／本居長世

からす　　なぜなくの　　からすはやまに
かわいい　　ななつの　　こがあるからよ

かわい　　かわいと　　からすはなくの
かわい　　かわいと　　なくんだよ

やまの　　ふるすへ　　いってみてごらん
まるい　　めをした　　いいこだよ

② 動きを練習する

ひざをたたいてリズムをとりながら歌い、「か」「の」「い」が出てきたらそれぞれ違う動きをすることを伝える。

声かけ例	
「今日は『七つの子』を歌いながら体操をしましょう」	
「まずひざをたたきながらリズムをとりましょう」 ※全員でひざをたたく。	
「歌詞の中に『か』が出てきたら、両手を上げます」 ※ホワイトボードの歌詞を指して動きを見せる。以下同様に。	
「『の』が出てきたら、体を前に倒して足首をさわりましょう」	
「『い』が出てきたら、手拍子をします」	
「それでは一緒に練習しましょう」 ※「か」「の」「い」と言いながら、全員で動きの練習をする。	

両手を上げる　　足首をさわる　　手拍子をする

③ 全員で歌う

介護者は利用者と向かい合って立ち、動きをリードする。

声かけ例	
「それでは実際に歌ってみましょう」	
「『か』『の』『い』以外のところは、ひざをたたいてくださいね」	

か（ら）（す）

こんなことも

ルールを変えてやってみましょう！

動き方を変えましょう！

「か」「の」「い」それぞれの動きを変えてやってみましょう。

「か」……両手で肩をたたく
「の」……両手でほおを押さえる
「い」……両足同時にトンと床を踏む

♪ 蛍の光

蛍の光

ほたるのひかり
まどのゆき
ふみよむつきひ
かさねつつ
いつしかとしも
すぎのとを
あけてぞけさは
わかれゆく

動きの例

○「の」……両手を上げる
□「つ」……ひざをたたく

それ以外は
手拍子でリズムをとる

♪ 案山子（かかし）

案山子

やまだの なかの
いっぽんあしの
かかし
てんきの よいのに
みのかさつけて
あさから ばんまで
ただたちどおし
あるけないのか
やまだの
かかし
かかし

動きの例

○「か」……両手を上げる
□「の」……足首をさわる

それ以外は
手拍子でリズムをとる

♪ 朧月夜（おぼろづきよ）

朧月夜

なのはなばたけに
いりひうすれ
みわたすやまのは
かすみふか
はるかぜそよふく
そらをみれば
ゆうづきかかりて
においあわ

動きの例

○「は」……両手を上げる
□「い」……足首をさわる
△「し」……手拍子をする

それ以外は
ひざを打ってリズムをとる

風船文字当て

\ 風船を打ち合いながら言葉を当てる /

① 1文字書いた風船1個を打ち合う

風船に黒の油性マーカーで、ひらがな1文字を大きめに書いておく。風船を打ち合って、何と書かれているか当てる。

声かけ例
「今日は皆さんに、この風船を打ち合ってもらいます」

「ただ打ち合うだけでは面白くありませんね」

「実はこの風船には文字が書いてあるんですよ」

「どんな文字が書いてあるかよーく見ながら打ち合ってください」

「わかったら、その文字を言ってください！」
※違う1文字を書いた風船に変えて何度か行ってもよい。

どんな文字が書いてあるか、わかりますか？

わかった！「す」だ！

② 2文字書いた風船2個を打ち合う

ひらがな4文字の単語を2文字ずつ2個の風船に書いておく。それを打ち合いながら4つの文字を見つけ、ホワイトボードに書き出す。※秋に行うなら「まつたけ」「こおろぎ」「すずむし」「こすもす」など秋にちなんだ言葉がおすすめ。

声かけ例
「今度は1個の風船に2文字書いてあります」

「その風船を2個同時に打ち合いますよ」

「ちょっと忙しくなりますが、文字をしっかり見てくださいね」

「文字は全部で4つありますよ」

「さて、どんな文字が書いてありましたか？」
※声のあがった文字をホワイトボードに書き出す。

今度は全部で4文字ですよ。

どんな文字がありましたか？

けま

ま！　け！

③ 4文字を並べ替えて言葉を当てる

4文字が出そろったら打ち合いをやめ、どんな言葉になるか質問する。当てにくい場合は、ヒントを出して導く。

声かけ例
「4文字を並べ替えると、ある言葉になります」

「さて、どんな言葉でしょうか？わかる人、いますか？」

「ヒントは、秋の食べものです」

「土瓶蒸しや炊き込みご飯で食べますよ」

並べ替えて言葉にしてください。

ヒントは秋の食べものですよ。

けまつた

まつたけ！

問題例

●風船や文字の数を増やしてみましょう

5文字の例　さつまいも

◀風船3個に「さ　い」「つ　も」「ま」と書く

ヒント例

「皮は赤紫、中は黄色の食べものですよ」
「焼くと香ばしい匂いがして甘くなります」

6文字の例　けいろうのひ

◀風船3個に「け」「ろ　の」「い　う　ひ」と書く

ヒント例

「皆さんをお祝いする日ですよ」
「健康で長生きしてくださいね、という日です」

7文字の例　かとりせんこう

◀風船3個に「と　ん」「り　か」「う　こ　せ」と書く

ヒント例

「夏に大活躍します」
「痒くなる前につけたいですね！」

●漢字の文字例

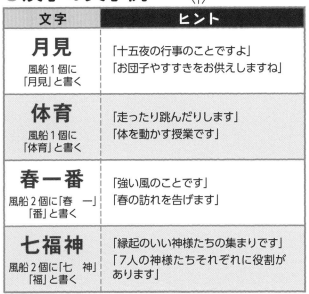

文字	ヒント
月見 風船1個に「月見」と書く	「十五夜の行事のことですよ」 「お団子やすすきをお供えしますね」
体育 風船1個に「体育」と書く	「走ったり跳んだりします」 「体を動かす授業です」
春一番 風船2個に「春　一」「番」と書く	「強い風のことです」 「春の訪れを告げます」
七福神 風船2個に「七　神」「福」と書く	「縁起のいい神様たちの集まりです」 「7人の神様たちそれぞれに役割があります」

文字	ヒント
小春日和 風船3個に「小」「春　和」「日」と書く	「秋から冬にかけて天気のよい日のことです」 「ポカポカと春のように暖かい日ですよ」
文武両道 風船3個に「文　道」「武」「両」と書く	「こういう人間になりたかった……」 「学問もスポーツも優秀、という意味ですね」
授業参観 風船3個に「授」「業　参」「観」と書く	「小学校の時にありました」 「保護者が授業を見に来ます」
賞味期限 風船3個に「賞　限」「味」「期」と書く	「主に食べものに設けられています」 「この日付けのうちに食べてしまいましょう」

口八丁
（くち はっ ちょう）

① 「寿限無」の全文を書き出し 介護者が読み上げる
（じゅ げ む）

ホワイトボードまたは模造紙に、黒のマーカーを使って書く。文章は短く区切って赤のマーカーで四角く囲む。

声かけ例

「今日は口の体操をしたいと思います」

「皆さんは落語の『寿限無』をご存じでしょうか？」

「日本でいちばん長い名前として有名ですね」

「まずは私が読み上げますので、聞いていてください」
※ホワイトボードを指しながら全文を読み上げる。

※ひらがなで書いてもよい

区切りながら言うので 後からついてきてください！

寿限無	寿限無	五劫のすりきれ
海砂利水魚の	水行末	雲来末	風来末
食う寝るところに	住むところ
やぶらこうじの	ぶらこうじ
パイポ	パイポ	パイポの	シューリンガン
シューリンガンの	グーリンダイ
グーリンダイの	ポンポコピーの	ポンポコナの
長久命の	長助

寿限無寿限無 五劫のすりきれ ハイ！

寿限無寿限無 五劫のすりきれ！

② 区切ったセリフを復唱する

最初に介護者が読み上げ、利用者は後から続ける。

声かけ例

「それでは私が言ったセリフを、後から続けてください」

「寿限無寿限無、五劫のすりきれ。ハイ！」
（じゅげむじゅげむ、ごこう）

「海砂利水魚の水行末、雲来末、風来末。ハイ！」
（かいじゃりすいぎょ すいぎょうまつ、うんらいまつ、ふうらいまつ）

「食う寝るところに住むところ。ハイ！」
（く ね、す）

「やぶらこうじのぶらこうじ。ハイ！」

「パイポパイポ、パイポのシューリンガン。ハイ！」

「シューリンガンのグーリンダイ。ハイ！」

「グーリンダイのポンポコピーの。ハイ！」

「ポンポコナの長久命の長助。ハイ！」
（ちょうきゅうめい、ちょうすけ）

③ 介護者はセリフを抜いて読み 利用者はそれを当てる

介護者は四角い囲みを1つ抜いて読む。利用者は何が抜けていたかを当てる。

声かけ例

「今度は私がセリフを抜いて言いますので、何が抜けていたかを当ててください」

「寿限無寿限無、五劫のすりきれ、海砂利水魚の 雲来末、風来末」

「さて、どこが抜けていましたか？」
※一度でわからない場合はもう一度繰り返す。その後、全員でホワイトボードを見て、答え合わせをする。

「そうですね！ 『水行末』が抜けていましたね！」
※同じように区切りながら進める。

寿限無寿限無、五劫のすりきれ 海砂利水魚の □□□□□ 雲来末、風来末

| 寿限無 | 寿限無 | 五劫のすりきれ |
| 海砂利水魚の | 水行末 | 雲来末 | 風来末 |

さあ、どこが 抜けていましたか？

水行末だ！

問題例

国定忠治（くにさだちゅうじ）の口上

赤城（あかぎ）の山（やま）も	今夜（こんや）を限（かぎ）り
生（う）まれ故郷（こきょう）の	国定（くにさだ）の村（むら）や
縄張（なわば）りを捨（す）て	国（くに）を捨（す）て
可愛（かわい）い子分（こぶん）の	手（て）めえ達（たち）とも
別（わか）れ別（わか）れになる	かどでだ

声かけ例

「国定忠次の有名な文句ですね！」

「浪曲などで聞いたことがある方も
いらっしゃるのではないでしょうか？」

「では私のあとに続けて言ってみてください」
（区切りながら、ハイ！と声をかける）

セリフ当ての

声かけ例

「赤城の〇〇も今夜を限り」

「さて〇〇には何が入るでしょうか？」

※同様に
「生まれ故郷の〇〇の村や」

「〇〇を捨て国を捨て」

「可愛い〇〇の手めえ達とも」

「別れ別れになる〇〇だ」　　など

外郎売（ういろううり）の口上

拙者（せっしゃ）	親方（おやかた）と	申（もう）すは
お立（た）ち合（あ）いの中（うち）に		ご存知（ぞんじ）のお方（かた）も
ござりましょうが		
お江戸（えど）を発（た）って		二十里（にじゅうり）上方（かみがた）
相州（そうしゅう）小田原（おだわら）	一色町（いっしきまち）を	お過（す）ぎなされて
青物町（あおものちょう）を	登（のぼ）りへ	おいでなさるれば
欄干橋（らんかんばし）	虎屋藤右衛門（とらやとうえもん）	只今（ただいま）は
剃髪（ていはつ）致（いた）して	円斎（えんさい）と	名乗（なの）りまする

声かけ例

「『外郎売』はアナウンサーなどが口の練習をする時に
使用することがあるそうです」

「その際とても早口で言ったりするようですよ」

「今回はゆっくり言いますので、私のあとに
おっしゃってください」
（区切りながら、ハイ！　と声をかける）

セリフ当ての

声かけ例

「拙者〇〇と申すは」

「さて〇〇には何が入るでしょう？」

※同様に
「お立ち合いの中に〇〇のお方もござりましょうが」

「〇〇を発って〇〇上方」　　など

フーテンの寅（とら）さんの口上

わたくし	生（う）まれも	育（そだ）ちも
葛飾（かつしか）	柴又（しばまた）です	
帝釈天（たいしゃくてん）で	産湯（うぶゆ）を使（つか）い	
姓（せい）は車（くるま）、	名（な）は寅次郎（とらじろう）	
人（ひと）呼（よ）んで	フーテンの寅（とら）と	
発（はっ）します		

声かけ例

「フーテンの寅さんといえば、映画『男はつら
いよ』の主人公。寅さんの口上は見事でした」

「では私のあとに続けておっしゃってください」
（区切りながら、ハイ！　と声をかける）

セリフ当ての

声かけ例

「わたくし生まれも育ちも〇〇です」
「〇〇には何が入るでしょう？」

「帝釈天で〇〇を使い
姓は〇〇、名は〇〇
人呼んで〇〇の寅と発します」

混ぜ混ぜ歌合戦

① 2チームに分かれ、順番に歌う

事前にA『うさぎとかめ』、B『鉄道唱歌』の1番の歌詞をホワイトボードに書いておく。各チームはそれぞれを通して歌う。

声かけ例

「今日は皆さんで歌合戦をしたいと思います」

「Aチームさんは『うさぎとかめ』、Bチームさんは『鉄道唱歌』を歌ってください」

「それではAチームさんから歌ってください。せーの！」

「次にBチームさん、せーの！」

Aチームさんから歌ってみましょう。

Aチーム 『うさぎとかめ』
作詞／石原和三郎　作曲／納所弁次郎

（※1番の歌詞のみ掲載）

もしもしかめよ　　かめさんよ

せかいのうちで　　おまえほど

あゆみののろい　　ものはない

どうしてそんなに　　のろいのか

Bチーム 『鉄道唱歌』
作詞／大和田建樹　作曲／多梅稚

（※1番の歌詞のみ掲載）

汽笛一声（きてきいっせい）　新橋（しんばし）を

はや我汽車（わがきしゃ）は　離（はな）れたり

愛宕（あたご）の山（やま）に　入（い）りのこる

月（つき）を旅路（たびじ）の　友（とも）として

② 1行ずつ交互に歌う

A、B両チームは、貼り出された歌詞を1行ずつ、交互に歌う。

声かけ例

「それではいよいよ歌合戦です」

「この歌合戦は歌詞を1行ずつ、両チームが交互に歌います」

「相手のメロディーにひきずられないよう、チーム一丸となって大きな声で歌ってくださいね」

「それではAチームさんから1行めを歌い出してください」

※介護者は歌詞の横に立ち、指さしで誘導する。

問題例

♪「三百六十五歩のマーチ」と ♪「雨ふり」

〈Aチーム〉
三百六十五歩のマーチ

しあわせは　歩いてこない
だから歩いて　ゆくんだね
一日一歩　三日で三歩
三歩進んで　二歩さがる
人生は　ワン・ツー・パンチ
汗かき　べそかき　歩こうよ

〈Bチーム〉
雨ふり

雨雨　ふれふれ　母さんが
蛇の目でおむかい　うれしいな
ピッチピッチ　チャップチャップ　ランランラン
かけましょ　鞄を　母さんの
あとから　ゆこゆこ　鐘が鳴る
ピッチピッチ　チャップチャップ　ランランラン

♪「故郷」と ♪「赤とんぼ」

〈Aチーム〉
故郷

兎追いし　かの山
小鮒釣りし　かの川
夢は今もめぐりて
忘れがたき故郷

〈Bチーム〉
赤とんぼ

夕焼　小焼の　あかとんぼ
負われて見たのは　いつの日か
山の畑の　桑の実を
小籠に　つんだは　まぼろしか

♪「こいのぼり」と ♪「うみ」

〈Aチーム〉
こいのぼり

屋根より　たかい　こいのぼり
おおきい　まごいは　お父さん
ちいさい　ひごいは　子どもたち
おもしろそうに　およいでる

〈Bチーム〉
うみ

うみは　ひろいな　おおきいな
つきが　のぼるし　ひが　しずむ
うみは　おおなみ　あおい　なみ
ゆれて　どこまで　つづくやら

逆さクイズ

① 今年・来年・去年の干支を聞く

利用者に今年・来年・去年の干支を聞き、ホワイトボードまたは模造紙に書く。

声かけ例

「さて、令和3年もあっという間に終わり、早いものでもう1月ですね」

「皆さん、今年の干支はわかりますか?」

「そう、『とら』ですね!」
※マーカーで「とら」と書き込む。

「それでは、来年は何でしょう?」

「来年は『とら』の次なので、えーっと……皆さん、わかりますか?」
※答えの「う」を書き込む。去年の干支についても同様に行う。
（令和3年を例にとって声かけしています）

今年の干支は何でしょう?

そう、「とら」ですね。

とら!

十二支すべて書けるよう、「とら」の位置はこのへんに。

とら

② 十二支全部を聞き、書き出す

「○の前は?」と誘導しながら前年の干支をさかのぼって聞き、十二支をすべて書く。

声かけ例

「一昨年は何だったかわかりますか?」

「去年は『うし』だったので、そう、『ねずみ』ですね!」
※「ね」と書き込む。

「それでは『ねずみ』の前の干支はわかりますか?」

「そう、『いのしし』ですね!」
※「い」と書き込む。すべての干支について同様に行う。

「さる」の前の干支は何でしょう?

そう、「ひつじ」ですね。

いぬ い とら さぬり る さる

ひつじ!

③ 干支を逆から言う

まずは頭から順に干支を言う。
次に最後の「い」から逆の順に言う。

声かけ例

「皆さん、十二支を全部言えますか?」

「ね・うし・とら・う・たつ・み・うま・ひつじ・さる・とり・いぬ・い」

「素晴らしい! では、ちょっと頭の体操をしましょう!」

「最後の『い』から逆の順に言ってください」
※指さしで誘導する。

「い・いぬ・とり・さる・ひつじ・うま・み・たつ・う・とら・うし・ね」

最後の「い」から逆の順に言ってみましょう。

いぬ い とら さぬり る ひつじ うま み たつ う とら うし ね

い・いぬ・とり・さる・ひつじ・うま・み・たつ・う・とら・うし・ね!

問題例

春の七草

せり
なずな
ごぎょう
はこべら
ほとけのざ
すずな
すずしろ

声かけ例

「有名な春の七草ですが皆さん覚えていますか？」

「せり・なずな……（最初だけ言うと皆さん言ってくれることが多い）」

「ではもう一度言ってみますが、さっきおっしゃった順番から反対に言います」

「すずしろ、すずな……」

いろはにほへと
ちりぬるを
わかよたれそ
つねならむ
うゐのおくやま
けふこえて
あさきゆめみし
ゑひもせす

声かけ例

「皆さんご存じの『いろは歌』です。では途中まで言ってみましょう」

「皆さんご存じですね」

「では今度は『いろはにほへと』を反対から言ってみましょう」

「とへほにはろい、ハイ！」
※すべてを反対から言うのは難しいので「いろはにほへと」程度のセンテンスで切って言ってもらう。

目には青葉
山ほととぎす
初鰹

声かけ例

「山口素堂の俳句です」

「目には青葉……（最初だけ言う）」

「では今度は反対に言ってみますよ」

「初鰹……」

とこやなむいよみふひ

声かけ例

「昔の数の数え方を言ってみましょう」

「ひー、ふー、みー、よー、いー……とー」

「では『とー』から反対に言ってみましょう」

A B C D E F G H I J K L M N

O P Q R S T U V W X Y Z

声かけ例

「アルファベットの並び順を言えますか？ ABCDEF……MNっとここまでにします」

「ではNから反対に言ってみましょう」

（言えたら）「では続きですOPQRST……YZ」
※同じように反対から言ってもらう。

歌に合わせて

あんたがたどこさ

介護者は利用者と向かい合って座り、リードします。

① 歌詞を書く

ホワイトボードまたは模造紙に、黒の
マーカーを使って大きな文字で歌詞を
書く。赤のマーカーで11カ所ある「さ」
を○で囲む。

あんたがたどこ**さ**　ひご**さ**

ひごどこ**さ**　くまもと**さ**

くまもとどこ**さ**　せんば**さ**

せんばやまには　たぬきがおって**さ**

それをりょうしが　てっぽでうって**さ**

にて**さ**　やいて**さ**　くって**さ**

それをこのはで　ちょっとかぶせ

♪あんたがた
どこ

♪あんたがたどこ

② ルールを説明する

ひざを打ちながら歌い、「さ」のところ
で手を打つことを伝える。

♪さ

声かけ例

「今日は歌に合わせて体操をしましょう」

「『あんたがたどこさ』という歌がありますね。
まずひざを打ちながら歌います」

「歌の中に『さ』が出てきたら、
そこでは手を打ちましょう」

♪さ

こんなことも

**慣れてきたら
スピードを速くする**

スピードを速くして難易度を高める
と、脳トレ効果が上がります。

速く歌って
みましょう!

幸せなら手をたたこう

① 歌詞の動作を書く

ホワイトボードまたは模造紙に、黒のマーカーを使って大きな文字で歌詞の動作を書く。

1番	手をたたこう
2番	足ならそう
3番	肩たたこう

② 1番のルールを説明する

1番では手をたたくように伝える。

声かけ例
「『幸せなら手をたたこう』という歌に合わせて体操をしましょう」
「『手をたたこう』と歌ったら、実際に手をたたきましょう」
「3回出てきますから、注意してくださいね」

③ 2番のルールを説明する

2番は、まず床を両足で踏みならし、続けて手をたたくように伝える。

声かけ例
「この歌はたたく部分を教えてくれますので、それに従ってください」
「2番は足をならしますよ」
「『足ならそう』と歌ったら、両足で『ドンドン』と床を踏みならしましょう」
「続けて、1番のように『パンパン』と手をたたいてください」
「『ドンドン、パンパン』の順ですよ」

④ 3番のルールを説明する

3番は、まず肩をたたき、続けて両足で床を踏みならし、さらに手をたたくように伝える。

声かけ例
「3番は肩をたたきます」
「『肩たたこう』と歌ったら、片方の手で『トントン』と反対側の肩をたたきましょう」
「続けて、2番のように『ドンドン』と足をならし、次に1番のように『パンパン』と手をたたきます」
「『トントン、ドンドン、パンパン』の順ですよ」

こんなことも

続けられそうなら、4番以降もチャレンジ！

4番 ほっぺたたこう	5番 ウインクしよう	6番 指ならそう
7番 泣きましょう	8番 笑いましょう	9番 手をつなごう

介護者は利用者と向かい合って座り、リードします。

> 1番　手をたたこう
> 2番　足ならそう
> 3番　肩たたこう

♪幸せなら手をたたこう

パンパン

♪幸せなら手をたたこう

パンパン

♪幸せなら足ならそう

ドンドン → パンパン

♪幸せなら肩たたこう

トントン　ドンドン　パンパン

なんでも日本一

知識を問うのではなく、会話する楽しさを大事にして進めましょう。
答えがわからなくても、想像して考えることが脳トレになります。

1 何をするか話す

介護者が、日本一をたずねるクイズを出し、知らなくても想像しながら答えることが大切だと伝える。

> みなさんにクイズを出します。「日本一」のものを当ててもらいます。

> わからなくても、「何だろう？」と考えることが脳トレになりますよ。

2 ウォーミングアップをする

誰もが知っている簡単な問題から始める。ホワイトボードに問題を書き、正解が出たら横に書き込む。

日本一
高い山…

富士山！

> みなさんは、日本で一番高い山はご存じですよね？

> そうです！富士山ですね！

3 問題を出す

ウォーミングアップの進め方で、難易度を上げながら問題を出す。

日本一
高い山… 富士山
ウイスキーをよく飲む県…

う〜ん

みなさんのお好きな、お酒の問題ですよ。

日本一、ウイスキーをよく飲む県はどこでしょうか？

思いついた人から言ってくださいね。

出す問題は、はじめはイメージのしやすい簡単なものから、予想のつかないものへ難易度を上げていきます。

4 ヒントを出しながら正解を導く

答えがすぐに出ない場合は、ヒントを出す。

ご存じの方はいないようですね？

この県は雪深いところですね。

さくらんぼがよく穫れます。

庄内ことばがありますね。

わかった！
山形県！

難しい問題にはヒントを出します。それでも出てこない場合は、「山の形の県は？」など直接的なヒントでもよいでしょう。

正解することが目的ではなく、考える過程やコミュニケーションを大切にします。

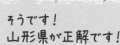

そうです！
山形県が正解です！

5 同様にくり返す

以下から盛り上がりそうな問題を選んで出す。

問題			正解	
	日本一大きい湖は？	➡		琵琶湖
	日本一のお茶どころは？	➡		静岡県
	日本の最高気温は？	➡		41.1℃（静岡県・埼玉県）
	日本一多い名字は？	➡		佐藤
	日本一地価の高い場所は？	➡		銀座
	日本人の最高齢は？	➡		115歳
	日本一ギョーザを食べる街は？	➡		宮崎市
	日本一くさい食べ物は？	➡		くさや（※焼きたての状態）
	日本一日本酒を飲む県は？	➡		新潟県
	日本一納豆を食べる街は？	➡		福島市

（2022年9月現在）

❀ テンポよく、体に触れよう！

記憶体操

介護者が言った体の場所を順番に触っていきます。
リズムを楽しみながらできる脳トレです。

1 何をするか話す

介護者は、これから言う体の場所を
順番に両手で触るよう伝える。

これから
体操をします。

体の場所をいくつか言い
ますので、順番どおりに
覚えて触ってくださいね。

2 ウォーミングアップをする

利用者は、介護者が言った順番を覚えてそのとおりに体を触る。

頭、肩、ひざ！

それではいきますよ。

頭、肩、ひざ！

体の場所を変えて、
何とおりか行います。

3 絵を描いてルールを説明する

ホワイトボードに人の絵を描き、体の場所に数字をつける。
介護者が数字を言い、そのとおりに体を触ってもらう。

ルールを説明します。

1と言ったら肩、2で頭、3でひざ、
4でほっぺ、5で足首を触ってくださいね。

介護者は自分の体の場所を触って、
利用者に見本を示すといいでしょう。

ホワイトボード全体を使って、できるだけ大きく描きましょう。

4 数字どおりに体を触る

利用者は、介護者が言った数字を体の場所に置き換えて触る。
ホワイトボードを見て確認しながら行う。

1…肩！

5…足首！

4…ほっぺ！

数字を
言いますよ！
1、5、4！

慣れてきたら言う数字を4つ、
5つと増やしていきます。リ
ズミカルに行うことで楽しさが
得られます。

アレンジ 動物の名前に置き変えて行ってみましょう

体の場所を、数字のかわ
りに動物の名前に置き換
えて行ってみましょう。

文章の中から言葉を探す！

文章かくれんぼ

文章から文字を拾って並び替え、言葉にする脳トレです。

1 何をするか話す

介護者は、文章の中から1文字ずつ拾って言葉にするゲームであることを伝える。

文章はすべてひらがなで、読みやすいように大きく太い文字で書きます。

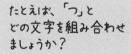

たとえば、「つ」とどの文字を組み合わせましょうか？

「た」と組み合わせると、「つた」ができますね！

「たき」など前後の文字を入れ替えてもいいことを伝えます。

2 ウォーミングアップをする

ほかにもどんな言葉ができるか、利用者に聞いてみる。

さつきがさいた

ほかにもあるか、探してみましょう。

そうですね、「つき」「たい」などもありますね！

「きつつき」など同じ文字を何度使ってもいいことを伝えます。

3 問題を出す

少し長くした文章から、3文字以上の言葉を2つ探してもらう。

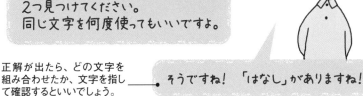

1問ごとにホワイトボードを書き換えます。

はるになってしんねんどもはじまった

うーん

\ はなし！ /

では続いてこんな文章です。
「はるになってしんねんどもはじまった」

この文章から、3文字以上の言葉を2つ見つけてください。
同じ文字を何度使ってもいいですよ。

正解が出たら、どの文字を組み合わせたか、文字を指して確認するといいでしょう。

そうですね！　「はなし」がありますね！

4 ヒントを出して正解を導く

答えがすぐに出ない場合は、ヒントを出す。2文字まで文字を指して誘導し、残りの1文字を当ててもらうようにする。

\ しまね！ /

はるになって⊂し⊃んねんどもはじ⊂ま⊃った

いかがでしょう？　探せそうですか？

たとえば、「し」「ま」ときたら、あとに続く文字は何でしょう？

そうです、「しまね」ですね！　お見事です！

あらかじめ隠れている言葉を見つけておきます。
(例)「ねんど」「はんてん」「にんじん」など。

5 ほかの文章でもやってみる

例　文	解　答　例 (2文字以上の言葉)
きょうはあたたかいですね	➡ いか、うた、あき、たすき、うたたね など
いずれあやめかかきつばた	➡ かき、かめ、あずき、かれい、あめ など
たんごのせっくにはかしわもち	➡ しか、にく、ごはん、ちくわ、くせもの など
ははのひのはなはかーねーしょん	➡ かん、はなし、かね、かし、はし など
つゆどきはせんたくものがかわきにくい	➡ つき、にもの、せきはん、かもがわ など

アレンジ チーム戦でも楽しめます

利用者を2〜3チームに分けて行います。多く答えられたチームの勝ちです。

数字を読みかえて言葉にしよう!

語呂合わせクイズ

数字の組み合わせから、どんな言葉になるかを想像するクイズです。
ヒントを出しながら考えてもらうことが大切です。

1 何をするか話す

数字の語呂合わせでどんな言葉になるかを
当てるよう伝える。

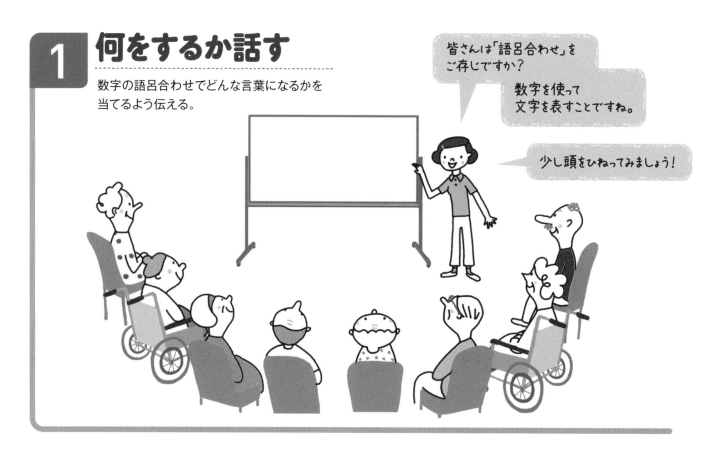

皆さんは「語呂合わせ」を
ご存じですか?

数字を使って
文字を表すことですね。

少し頭をひねってみましょう!

2 ウォーミングアップをする

介護者はホワイトボードに数字を書き、
利用者はどんな言葉になるか当てる。

「1」と「5」で3文字の
果物になります。

何だかわかりますか?

そうですね、
「イチ」と「ゴ」で
「イチゴ」です!

正解が出たら、数字の
下に読み方を書きます。
ほかにも「29(ニク)」
「831(ヤサイ)」など、
わかりやすい問題をい
くつか出します。

3 問題を出す

ウォーミングアップと同様の進め方で、
難易度を上げながら問題を出す。

1問ごとにホワイトボードを書きかえます。

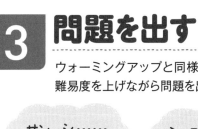

サン、シ……

ミ、ヨ、ミ？

3 4 3

それでは続いていきますよ！

「3」「4」「3」で
どんな言葉になるでしょう？

4 読み方のヒントを出して導く

答えがすぐに出ない場合は、
ヒントを出す。

サシミ！

3 4 3

和食の料理の名前ですよ。

「サン」「シ」「サン」と読んでは
言葉になりませんね。

「サ」「シ」……と読むとどうでしょうか？

そうです！「サシミ」が正解です。

「刺身を食べる」などの
ジェスチャーをヒントに
してもよいでしょう。

読み方を工夫してどんな言葉になるか
考えることが脳トレになります。

5 ほかの問題でもやってみる

徐々に難易度を上げていくとよい。

問　題	正　解
0　9　3	➡　オ　ク　サン
0　8　2	➡　オ　ヤ　ツ
7　10	➡　ナッ　トウ
7　1　2	➡　ナ　イ　フ
10　1　0	➡　ト　イ　レ
4　6　4　9	➡　ヨ　ロ　シ　ク
5　9　6　3	➡　ゴ　クロー　サン
8　8　0　8	➡　ハ　ハ　オ　ヤ
4　9　8　9	➡　シ　ク　ハッ　ク
1000　8　1	➡　セン　パ　イ

🌸 カードを並べかえて歌を当てる!

歌探し

ランダムに並んだ歌詞の単語を並べかえて、曲名を当てます。
最後はみんなで歌って、楽しみましょう!

1 ホワイトボードにカードを貼る

誰もが知っている季節の歌を1曲選ぶ。
歌詞の単語を書いたカードを作り、ホワイトボードにランダムに貼る。

ホワイトボードの上部はあけておきます。
模造紙に歌詞を書いたものを用意し、
ホワイトボードの裏側に貼っておきます。

カードの作り方

A5判(A4判の半分)程度の画用紙に、マーカーで歌詞の単語を書きます。つけ外しができるよう、裏に細くカットしたマグネットシートをセロハンテープで貼ります。

〈表〉
広い

貼る →

〈裏〉
セロハンテープ
マグネットシート

| 広い | 海 | 日 |
| 大きい | 月 | |

2 何をするか話す

カードに書いてある単語を並べかえると、歌になることを伝える。

これからクイズを出します。

単語を並べかえると、歌になります。
何の歌か、当ててください。

3 ウォーミングアップをする

誰もが知っている短い歌から始める。

ここに5枚のカードがあります。

| 広い | 海 | 日 |
| 大きい | 月 | |

バラバラに並んでいますが、歌詞のとおりに並べると、ある夏の歌になります。

＼ 海! ／

こう並べると、何の歌になりますか?

| 海 | 広い | 大きい |
| 月 | 日 | |

そうですね!
「♪海は広いな大きいな〜」の「海」です。

それでは一緒に歌ってみましょう!

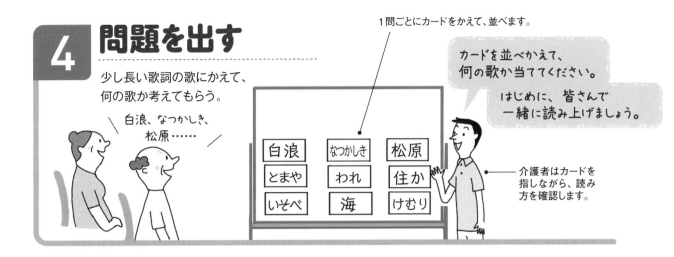

4 問題を出す

少し長い歌詞の歌にかえて、何の歌か考えてもらう。

1問ごとにカードをかえて、並べます。

白浪、なつかしき、松原……

白浪	なつかしき	松原
とまや	われ	住か
いそべ	海	けむり

カードを並べかえて、何の歌か当ててください。

はじめに、皆さんで一緒に読み上げましょう。

介護者はカードを指しながら、読み方を確認します。

5 ヒントを出して歌を当てる

答えがすぐに出ない場合は、ヒントを出す。カードを並べかえながら歌を当てる。

われは海の子！

出てきた単語は、上に貼り出し、すべてのカードを並べかえます。

われ	海
白浪	なつかしき	松原
とまや		住か
いそべ		けむり

わかった人はいますか？

それではヒントです。最初は「われ」で、その次は、「海」です。

メロディーはこんな感じです。（最初の1小節をハミングする）

そうです！「われは海の子」です！

6 歌詞を並べかえて歌う

カードの並べかえが完成したら、歌詞を見ながら歌う。

♪われは海の子 白浪の〜

では一緒に歌いましょう！

ホワイトボードの裏側に貼っておいた歌詞を見ながら歌います。

われは海の子

われは海の子　白浪の
さわぐいそべの　松原に
けむりたなびく　とまやこそ
わがなつかしき　住かなれ

アレンジ　2曲を混ぜて行ってみましょう

2曲分のカードを8〜10枚、ランダムにホワイトボードに並べて同じように行うと、難易度が上がります。

♪「浜辺の歌」
(あした)(浜辺)を　さ迷えば
(昔)のことぞ　しのばるる
(風の音)よ　雲のさまよ
よする波も　(かいの色)も

♪「炭坑節」
(月)が(出た)出た　月が出た（ヨイヨイ）
(三池炭坑)の　上に出た
あまり(煙突)が　高いので
さぞやお月さん　けむたかろ（サノ ヨイヨイ）

三池炭坑	昔	出た
あした	月	かいの色
煙突	風の音	浜辺

※丸印で囲んだ言葉をカードに書きます。

59

🌸 仲間を見つけよう！

くくりクイズ

2つの単語を選び、どんな共通点があるのかを考えるゲームです。

1 何をするか話す

これから言う2つの
単語の共通点を当て
るよう伝える。

ホワイトボードの裏側に、
P61の表を
書いておきます。

今日は共通点を当てる
クイズを行います。

2つの単語にどんな
つながりがあるか、
想像して答えてくださいね。

2 ウォーミングアップをする

2つの単語をホワイトボードに書き、
利用者に共通点を聞く。

簡単な例題をいくつか挙げて、
共通点を考えてもらいます。
（例）ライオンと犬→足が4本、
車とバス→乗り物、など。

「みかん」と「りんご」の
共通点は何でしょうか？

果物！

みかん　りんご

そう、
「果物」です！

3 問題を出す

ホワイトボードの裏側に書いておいた表を見ながら、問題を出す。

表の上部はあけておき、2つの単語を書き出します。
1問ごとに単語を書き換えます。

自転車	バイク		
自転車	ボールペン	イカダ	牛乳
船	バイク	サイダー	猫
万年筆	竜	クジラ	ギター
ヨーグルト	ビール	バイオリン	ウサギ

今度はこの表から
仲間を探します。

たとえば、「ボールペン」と
「万年筆」は……
「筆記用具」の
仲間ですね。

では、
「自転車」と「バイク」には、
どんな共通点が
ありますか？

4 利用者が答える

利用者が考える時間を設けて、答えてもらう。いくつも共通点がある場合は、1つだけでなく、思いつくだけ答えてもらう。

\ 乗り物！ /

\ タイヤが 2つ！ /

そうですね！
どちらも「乗り物」です！

ほかにも共通点はありますか？

「タイヤが2つ」も共通点ですね。

答えは1つではありません。どんな共通点があるのかを考えることが、頭の体操になります。「共通点の例」を参考にして何問かくり返します。

共通点の例

船とバイク
➡燃料が必要

ボールペンと万年筆
➡インクが必要

イカダと船
➡水の上で使う

牛乳とヨーグルト
➡乳製品

サイダーとビール
➡炭酸

猫とクジラ
➡哺乳類

猫とウサギ
➡ペット

ギターとバイオリン
➡楽器

など

5 表から仲間を見つける

難易度を少し上げて問題を出す。介護者が表から単語を1つ選んで書き出し、利用者に共通点のあるものを答えてもらう。

次は皆さんに、仲間を見つけてもらいます。

「竜」の仲間はどれですか？

\ ウサギ！ /

\ 干支！ /

竜			
自転車	ボールペン	イカダ	牛乳
船	バイク	サイダー	猫
万年筆	竜	クジラ	ギター
ヨーグルト	ビール	バイオリン	ウサギ

「ウサギ」が
挙がりました。

どんな共通点
ですか？

そうですね、
「干支」
ですよね！

さらに難易度を上げて、利用者に表から単語を2つ選んでもらい、共通点を答えてもらってもよいでしょう。

言葉と逆に体を動かそう！
言葉うらはら

言われた言葉とは逆の動きをする、体を使った脳トレです。

1 何をするか話す

介護者が言う体の場所を、左右逆にして動かすことを伝える。

今日は皆さんに、あまのじゃくになって体を動かしてもらいます。

私が「右手」と言ったら左手を、「左手」と言ったら右手を上げてください。

2 ウォーミングアップをする

ホワイトボードに体の動かし方がわかるようにルールを書く。
利用者は、介護者が言った逆のほうの手を上げる。

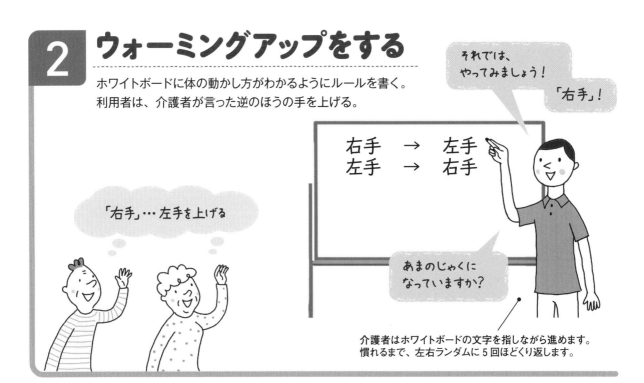

それでは、やってみましょう！

「右手」！

右手　→　左手
左手　→　右手

「右手」…左手を上げる

あまのじゃくになっていますか？

介護者はホワイトボードの文字を指しながら進めます。
慣れるまで、左右ランダムに5回ほどくり返します。

3 足を上げる

ウォーミングアップと同様に、今度は足を上げる。

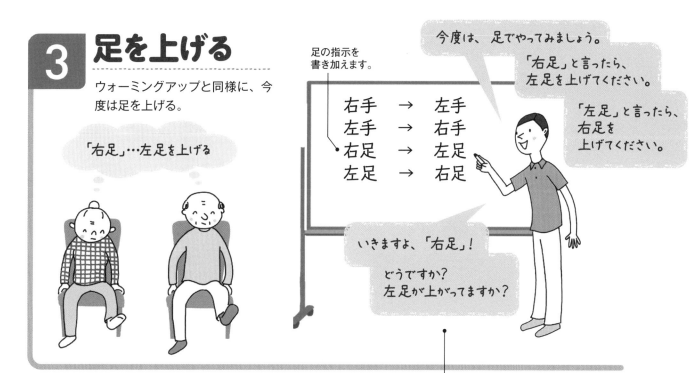

足の指示を書き加えます。

右手	→	左手
左手	→	右手
右足	→	左足
左足	→	右足

今度は、足でやってみましょう。

「右足」と言ったら、左足を上げてください。

「左足」と言ったら、右足を上げてください。

「右足」…左足を上げる

いきますよ、「右足」!

どうですか？左足が上がってますか？

慣れるまで、左右ランダムに5回ほどくり返します。

4 連続して行う

難易度を上げて、両手足を交ぜて問題を出す。

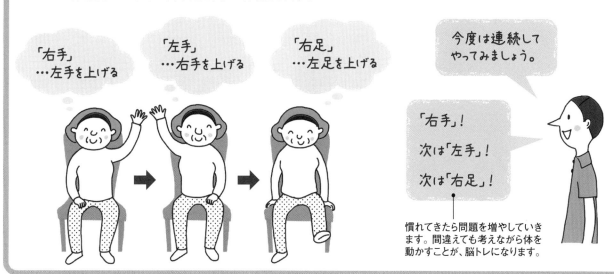

「右手」…左手を上げる

「左手」…右手を上げる

「右足」…左足を上げる

今度は連続してやってみましょう。

「右手」!
次は「左手」!
次は「右足」!

慣れてきたら問題を増やしていきます。間違えても考えながら体を動かすことが、脳トレになります。

アレンジ 頭と足先も加えてやってみましょう！

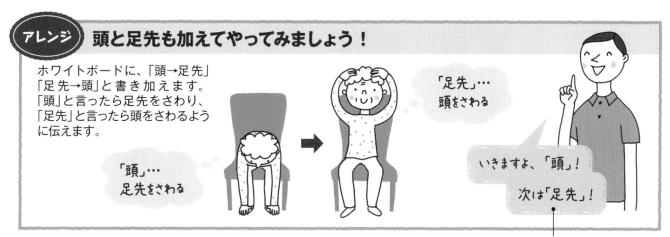

ホワイトボードに、「頭→足先」「足先→頭」と書き加えます。「頭」と言ったら足先をさわり、「足先」と言ったら頭をさわるように伝えます。

「足先」…頭をさわる

「頭」…足先をさわる

いきますよ、「頭」!
次は「足先」!

すべて交ぜて問題を出すと、全身を使った脳トレになります。
（例）「頭、右手、左足」「足先、左手、右足、右手」

❀ 口の動きをじっと見て！
目 を 凝 ら し 歌

介護者は、歌詞の一部を声を出さずに歌い、利用者は口元の動きから
何の曲かを当てます。その歌をみんなで歌いましょう。

1 何をするか話す

介護者の口の動きをよく
見て、何と言っているか
当てるよう伝える。

ホワイトボードの裏側に、
あらかじめ歌詞を書いて
おきます。

私が何を言っているかを
当ててください。

ただし、言葉の一部は
言いませんので、口元をよく
見て答えてくださいね！

2 ウォーミングアップをする

介護者は言葉の一部を声を出さずに
言い、利用者に答えてもらう。

※3～4文字の簡単な例題をい
くつか言って、答えてもらいます。
（例）たきび、おちば、みかんなど
（赤字部分は声を出しません）

では言います！

やきいも
（きといは声を出さずに
口だけ動かす）

やきいも！

わかりました？

私の口元がよく
見えたでしょうか？

そう、「やきいも」が正解です！

♪
「紅葉」
作詞／高野辰之　作曲／岡野貞一

あきの　ゆうひに　てるやま　もみじ
こいも　うすいも　かずある　なかに
まつを　いろどる　かえでや　つたは
やまの　ふもとの　すそもよう

※1番のみ
※赤字部分は声を出さずに歌います。

3 問題を出す

介護者は歌詞の一部を声を
出さずに歌う。利用者は、
何の曲か当てる。

今度は歌を
歌います。

歌詞の一部は歌いませんので、
何の曲か当ててください。

皆さん、手拍子を
お願いします。

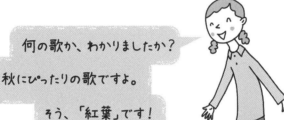

♪あきの　ゆうひに　てるやま　もみじ
　こいも　うすいも　かずある　なかに

介護者は利用者に手拍子を促し、
手拍子をしながら歌います。赤字部
分は声を出さず、口だけ動かします。

4 曲名を当てる

利用者に曲名を当ててもらう。

紅葉！

何の歌か、わかりましたか？

秋にぴったりの歌ですよ。

そう、「紅葉」です！

曲名がなかなか出ない場合は、もう一度歌ったり、ヒントを出すと
いいでしょう。（例）「葉が赤や黄色に色づいてきれいですよ」など。

5 歌う

ホワイトボードの裏側の歌詞を
出して、歌う。

♪秋の夕日に
照る山紅葉…

紅葉
秋の夕日に　　照る山紅葉
濃いも薄いも　数ある中に
松をいろどる　楓や蔦は
山のふもとの　裾模様

それでは、
歌詞を見ながら
歌いましょう！

せーの！

答えの確認のため、
最後は全員で歌います。

アレンジ ほかの歌でもやってみましょう

♪たき火　作詞／巽 聖歌　作曲／渡辺 茂

かきねの　かきねの　まがりかど
たきびだ　たきびだ　おちばたき
あたろうか　あたろうよ
きたかぜ　ぴいぷう　ふいている

♪お正月　作詞／東 くめ　作曲／滝 廉太郎

もういくつねると　おしょうがつ
おしょうがつには　たこあげて
こまをまわして　あそびましょう
はやくこいこい　おしょうがつ

✿ ヒントを頼りに当てよう！

スターはだあれ？

昭和のスターにまつわるヒントを頼りに、
誰かを当てるゲームです。

1 何をするか話す

出されたヒントを頼りに、
昭和のスターを予想するよ
う伝える。

あるスターにまつわるヒントを1つずつ書いたA4ぐ
らいの画用紙のカードを裏にして、ホワイトボード
に貼ります。裏には番号を書いておきます。

さて今日は、
昭和のスターを当てる
クイズを行います！

出されたヒントを頼りに、
誰のことか考えてください。

2 ウォーミングアップをする

介護者は①、②の順にめくってヒントを出し、
利用者に考えてもらう。

1つめのヒントは、
出身地です。

このスターは「東京都」
の出身です。これだけ
ではわかりませんね。

では2つめのヒント。
ヒット作は
「男はつらいよ」です。

この2つの
ヒントから思いつく
スターは……

そうです！ 渥美清さんで正解です。

渥美清！

3 問題を出す

介護者は、あるスターにまつわるヒントを書いた4枚のカードを裏にして、ホワイトボードに貼る。①から順にめくってヒントを出し、利用者は誰かを考える。

ヒントは①出身地、②愛称または本名、③ヒット作、④最大のヒット作とし、①から順に難しいヒント→わかりやすいヒントとなっています。

新潟??

新潟県　②　③　④

まずは1枚め、「新潟県」です！
新潟県出身のスターといえば、誰でしょう？

うーん・・・

新潟県　本名は北詰さん　③　④

次のヒントです。
「本名は北詰さん」です！

わかった方はいますか？

答えがわからなくても、出されたヒントを頼りに、誰のことか考えることが脳トレになります。

4 すべてのヒントを出す

介護者は3枚め、4枚めのカードを1枚ずつ見せる。利用者は、誰かを答える。

三波春夫！

新潟県　本名は北詰さん
世界の国からこんにちは　チャンチキおけさ

3枚めは、このスターのヒット作「世界の国からこんにちは」です。

そろそろわかった人がいそうですね？

最後は最大のヒット作「チャンチキおけさ」です。

さて、すべてのヒントに当てはまるスターは誰でしょうか？

そうです！
三波春夫さんですね！

途中で答えがわかった人には答えてもらってもよいですが、できるだけ多くのヒントを出して考えてもらいましょう。

5 同様にくり返す

以下の例題から盛り上がりそうな問題を選んで出す。

スター名	①出身地	②愛称または本名	③ヒット作	④最大のヒット作
三橋美智也	北海道	本名は北沢さん	哀愁列車	古城
村田英雄	佐賀県	愛称はムッチー	王将	無法松の一生
笠置シヅ子	香川県	愛称はブギの女王	買物ブギー	東京ブギウギ
美空ひばり	神奈川県	愛称はお嬢	川の流れのように	柔
島倉千代子	東京都	愛称はお千代さん	からたち日記	人生いろいろ
藤山一郎	東京都	本名は増永さん	東京ラプソディ	青い山脈
淡谷のり子	青森県	愛称はブルースの女王	雨のブルース	別れのブルース
佐田啓二	京都府	本名は中井さん	喜びも悲しみも幾歳月	君の名は
嵐寛寿郎	京都府	愛称はアラカン	右門捕物帖	鞍馬天狗
高倉 健	福岡県	愛称は健さん	網走番外地	幸福の黄色いハンカチ

❀料理にまつわる楽しい連想ゲーム！

食いしん坊万歳

2チームに分かれて行う連想ゲームです。
協力して料理名を当てましょう。

1 ホワイトボードの前に 2チームに分かれて座る

利用者は2チームに分かれてホワイトボードの前に座る。司会者はホワイトボードの横に立つ。アシスタントはマーカーを持って、ホワイトボードの前に立つ。

司会者

アシスタント

チーム分けの注意点
たくさん話す人と静かな人が
均等になるようにします。

Bチーム　　Aチーム

2 何をするか話す

司会者は、食材を見て連想する料理を答えるゲームであることを伝える。

今日は料理にまつわる
連想ゲームを行います。

食材から
どんな料理ができるか
連想してくださいね。

3 ウォーミングアップを する

最初は全員で、ホワイトボードに書かれた食材から、料理を連想する。

ホワイトボードを左右に区切り、"ある料理"に使
われる食材を右側に書きます。利用者から料
理名があがったら、左側に書いていきます。

みそ
とうふ
わかめ
ねぎ
油あげ

みそ汁！

それでは、まずは
全員でやってみましょう！

ここに書かれた食材から、
どんな料理を連想しますか？

そう！「みそ汁」ですね！

ほかにも「マグロ・エビ・ウニ・イクラ・玉子」→「お寿司」
など、簡単な料理で例題を出します。

4 Aチームに料理を見せ食材を答えてもらう

料理のイラストや写真をAチームだけに見せ、食材を答えてもらう。アシスタントは、あがった食材をホワイトボードに書いていく。

Aチームの皆さんはこのイラストを見てください。

（料理のイラストを見せながら）
この料理には何が入っているでしょう？

思いつくだけ答えてください。

静かな人には「○○さんなら何を入れますか？」など、個別に声をかけるようにします。

料理名は言わないでくださいね。

カレーのイラストをAチームだけに見せます。Bチームに見えないように注意します。

ホワイトボードの右側に食材を書きます。

5 Bチームは料理名を答える

Bチームは、ホワイトボードの食材を見て連想する料理を答える。アシスタントは、あがった料理名をホワイトボードに書く。

Bチームさん、この食材をよく見てください。
これらが入っているお料理は何でしょう？

肉じゃが、シチュー、カレーが出ました。

いろいろな料理があがるので、利用者とコミュニケーションをとりながら進めるといいでしょう。（例）「○○さんのお宅では○○も入れていたんですか？」

6 正解を言う

Aチームは全員で正解を言う。

それではAチームさん、正解を発表してください！

せーの！

7 チームを交代して同じように行う

チームの役割を交代して、ほかの料理で同じように行う。

料理例 食材が多くて高齢者が好きな料理を選んでやってみましょう。
- おでん
- おせち
- 筑前煮
- 焼き鳥
- うどん など

連想して言葉をさがそう

穴埋め連想ゲーム

空いたマスに、連想する言葉を入れて、つなげていくゲームです。

1 何をするか話す

ホワイトボードにゲームの名前と例題を書く。これからどんなゲームをするか、説明する。

ゲームの名前を大きく書くと、何をするかがわかりやすいでしょう。

これから連想ゲームをします。ところどころ空いたマスには言葉が入ります。連想して何が入るか、考えてくださいね。

穴埋め連想ゲーム

跳ねる ← □ ← 白い ← □ ← 四角 ← 三角 ← スタート

隊形
できるだけ隣の人との距離をとり、ホワイトボードが見える位置に座る。

2 例題を出す

ホワイトボードに書いた言葉を順番に話しながら、空いたマスに何が入るか、利用者から答えを引き出していく。

穴埋め連想ゲーム

跳ねる ← □ ← 白い ← とうふ ← 四角 ← 三角 ← スタート

※地域により歌詞が異なるため、解答例以外の言葉で行ってもよいでしょう。

まずは練習しましょう。

皆さん、「さよなら三角、また来て四角」というあそび歌をご存じですか？
ホワイトボードにはその歌詞の一部が書いてあります。
「四角」の次の言葉が、何だかわかりますか？

とうふ！

そうです！「とうふ」です。
「四角はとうふ、とうふは白い」ですね。
このように前後の言葉をヒントにマスに入る言葉を連想してつなげていきます。

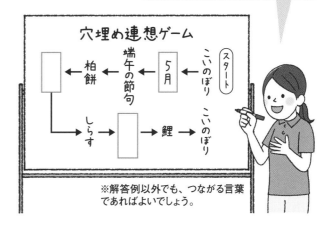

3 「こいのぼり」から連想する言葉を答えてもらう

イラストのように、「こいのぼり」から始まる問題を書く。2と同様に、空いたマスに入る言葉を答えてもらう。答えが出たら、ホワイトボードに書いていく。

さあ、本番ですよ！
空いたマスのところに入る言葉は何でしょう？
「こいのぼり」と言ったら……？
その次の「端午の節句」につながる言葉ですよ。

はい、そうです！ 5月ですね。

※解答例以外でも、つながる言葉であればよいでしょう。

4 最後の言葉まで続ける

ヒントを出しながら、できるだけすべての利用者から答えを引き出し、連想する言葉を最後までつなげていく。

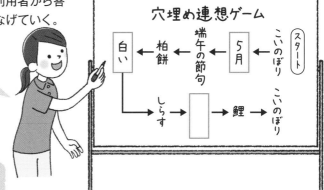

続けていきましょう！
「柏餅」と「しらす」のあいだに入る
言葉です。柏餅は何色でしょう？
そうです「白い」ですね！

最後まで揃いましたね！ つなげて読んでみます。
こいのぼりは5月、 5月は端午の節句、
端午の節句は柏餅、 柏餅は白い、 白いはしらす、
しらすは魚、 魚は鯉、 鯉はこいのぼり。
こいのぼりから始まって、 こいのぼりで終わりましたね！

チャレンジ例題

慣れてきたら、空いたマスを増やして行いましょう。
例題よりも長く続けていってもよいでしょう。（マスの中は解答例）

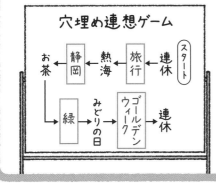

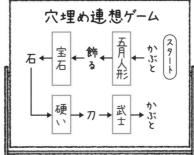

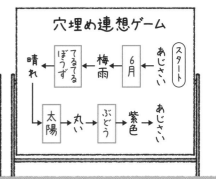

記念日足し算

記念日や祝日、イベントなどの日を思い出してもらい、足し算をします。いろいろな数字で計算してみましょう。

クイズの前に、こんな話をしてみましょう

- 「今日は皆さんに変わった足し算をやっていただきます」
- カレンダーを見ながら「いろいろな記念日や祝日がありますね」
- 「記念日や祝日で足し算をしてみましょう！」

1 「七夕」と「海の日」が何月何日かたずねる

それぞれの月日をたずね、ホワイトボードに書いていく。

言葉かけ例

「夏のイベントや祝日といえば、何でしょう?」

「『七夕』や『海の日』がありますね」

「『七夕』は何月何日ですか?」「そう、7月7日ですね!」

「今年の『海の日』がいつか、わかりますか?……はい、今年は7月18日です」（2022年の例）

2 それぞれの数字を足し算にする

数字1つずつが足し算になるようにホワイトボードに式を書く。

言葉かけ例

「日にちの数字を全部分けて書きました」

「すべての数字を足し算にします」

「声に出して読んでください」

「7＋7＋7＋1＋8になりますね」

3 数字を足した答えをたずねる

すべての数字を足した答えを出してもらう。

言葉かけ例

「ではこの数字を足してみましょう」

「7＋7＋7＋1＋8は……」
※「7＋7＝14、7＋1＋8＝16、14＋16は……」というふうに計算してもよい。

「答えは何でしょう?」

「わかる方、いらっしゃいますか?……はい、正解!30です」

● 誕生日足し算

利用者の誕生日を聞き、足し算にします。

言葉かけ例

「○○さんの誕生日はいつですか？ 9月3日ですね」
「△△さんは4月12日が誕生日ですね」
「では全部足してみましょう」
$9+3+4+1+2=19$ など

9月3日　　4月12日

$9+3+4+1+2=$

● 歴史上の出来事の西暦足し算

歴史上の出来事の西暦の数字を足し算にします。

言葉かけ例

鎌倉幕府成立（1192年）＊諸説あり
$1+1+9+2=13$
本能寺の変（1582年）
$1+5+8+2=16$

＊そのほか、明治維新（1867年）、東京タワー
完成（1958年）、大阪万博（1970年）など

東京タワー完成
1958年

$1+9+5+8=$

● 生きもの足し算

それぞれの足の本数を足していきます。

言葉かけ例

つるの足 ＋ かめの足
$2+4=6$
かにの足 ＋ ぞうの足 ＋ クワガタの足
$10+4+6=20$
たこの足 ＋ くもの足 ＋ にわとりの足
$8+8+2=18$ など

かにの足　ぞうの足　クワガタの足
10本　　4本　　　6本

$10+4+6=$

● 引き算にする

引き算にしてもよいでしょう。慣れてきたら、足し算と
引き算を合わせて難易度を上げてみましょう。

言葉かけ例

カブトムシの足 － にわとりの足
$6-2=4$
勤労感謝の日 － 七夕
$1+1+2+3-7+7=7$
大阪万博 － 明治維新
$1+9+7+0-1+8+6+7=37$ など

大阪万博　　　明治維新
1970年　　　1867年

$1+9+7+0-1+8+6+7=$

かくれ言葉探し

歌の歌詞の中から言葉を探します。歌詞としてそのまま入っている言葉のほかにも、文字を組み合わせて1つの単語にしてみましょう。

クイズの前に、こんな話をしてみましょう

- 「どんな夏の歌をご存じですか?」
- 「これからホワイトボードに歌の歌詞を書きます。すべてひらがなで書くので、歌詞の中からいろいろな言葉を探してください」

1 声に出して歌詞を読む

ホワイトボードに歌詞を大きく縦に書き、全員で声に出して読む。

言葉かけ例

「この歌をご存じですか?」

「『海』という歌ですね」

「一緒に声に出して読んでみましょう」

2 歌詞から言葉を探す

歌詞の中から言葉を見つけてもらい、ホワイトボードに書く。

言葉かけ例

「この歌の中から言葉を探してください」

「『うみ』がありますね。ほかにどんな言葉がありますか?」

「『おおきい』、そうですね!」

「『つき』もありますね」

3 隠れた言葉を探す

歌詞の中から文字を組み合わせて、隠れた言葉を探す。

言葉かけ例

「今度は隠れた言葉を探してみましょう」

「どんな言葉がありますか?」

「『なつ』がありますね!」

「『ひがし』もありますね!」

「飛ばして読んでも後ろから読んでもいいですよ」

※そのほかの言葉／「みる」「ひる」「ぼうし」「みず」「はいいろ」など

4 歌を歌う

歌詞を見ながら、全員で声に出して歌う。

言葉かけ例

「海を思い浮かべながら歌いましょう」

「ゆっくり歌いましょう」

かくれ言葉探しの展開例

● 思い出をたずねる

歌の思い出や、歌に出てくる言葉で思い出すものをたずねる。

言葉かけ例

「海で思い出すのは
どんなことですか?」

「どこの海に行きましたか?」

「海に沈む夕陽を見たことは
ありますか?」

問題例

夏に適した違う歌での問題例を紹介します。

『金魚のひるね』

あかい　べべきた
かわいいきんぎょ
おめめを　さませば
ごちそうするぞ

<隠れた言葉>
ぞう、あさ、かめ、かさ、かべ、
かい、あきた　など

『たなばたさま』

ささのは　さらさら
のきばに　ゆれる
おほしさま　きらきら
きんぎん　すなご

<隠れた言葉>
のはら、のれん、しま、ゆき、
すき、さば　など

『花 火』

どんと　なった　はなびだ
きれいだな
そらいっぱいに　ひろがった
しだれやなぎが　ひろがった

<隠れた言葉>
たな、らっぱ、なら、やぎ、なつ、
きた　など

秋の言葉当て

秋に関係のある言葉をクイズにします。ヒントを3つホワイトボードに書き、クイズの答えをたずねます。

クイズの前に、こんな話をしてみましょう

● 写真を見ながら「紅葉のきれいな季節になりましたね」

●「ほかにも秋らしい行事や風景がありますね」

●「今日は、行事や食べ物など、秋の言葉を当てるクイズをするので、答えてください」

1 ヒントを書く

1つめのヒントをホワイトボードに書く。

言葉かけ例

「3つのヒントを出すので、わかった人は答えずに手をあげてくださいね」

（1つめのヒントを書いて）「この時期によく行われる行事です」

「皆さんもきっと参加したことがありますよ！」

> 秋の定番行事です！

> ① 秋の行事

2 続けてヒントを書く

続けて2つめと3つめのヒントをホワイトボードに書く。

言葉かけ例

「2つめのヒントは俳句です。正岡子規の俳句『赤蜻蛉 □ の日 となりぬ』。
□ の中に入る、6文字の言葉は何でしょう？」

「3つめのヒントは『綱引き』です」

「『運動会』、はい正解！」

> ① 秋の行事
> ② 赤蜻蛉 □ の日となりぬ
> ③ 綱引き

> 運動会！

3 運動会の思い出をたずねる

運動会の思い出や、どんな競技に出たかなどを話し合う。

言葉かけ例

「小学校の運動会は、どんな様子でしたか？」

「○○さんは足が速かったんですね！」

「ほかにどんな競技がありましたか？」

> ① 秋の行事
> ② 赤蜻蛉 □ の日となりぬ
> ③ 綱引き

> リレーの選手だったよ。

> ムカデ競走が楽しかったわ。

問題例

●ぶどう

ヒント

① 秋に実る植物の実
② 勝沼や馬子も［　］を食ひながら
③ ジュースやお酒

言葉かけ例

「食べられる実です」

「松尾芭蕉の俳句といわれています。［　］の中に3文字の言葉が入ります」

「ジュースやお酒のほかに、干したりジャムにしたりして食べます」

●松茸

ヒント

① いい香り
② ［　］やしらぬ木の葉のへばりつく
③ 土瓶蒸し

言葉かけ例

「香りを楽しむ食べ物です」

「松尾芭蕉の俳句で、［　］の中に4文字の言葉が入ります」

「最近では高価な食べ物になりました。土瓶蒸しや炊き込みご飯にして食べるとおいしいです」

●柿

ヒント

① さるかに合戦
② ［　］食へば鐘が鳴るなり法隆寺
③ オレンジ色の実

言葉かけ例

「昔話に出てくる植物です」

「正岡子規の俳句といわれています。［　］の中に2文字の言葉が入ります」

「秋になると食べる果物です。オレンジ色で、つやつやしています。干してもおいしいですね」

●朝顔

ヒント

① 円すい形の花
② ［　］に釣瓶とられてもらひ水
③ 朝咲く

言葉かけ例

「紫やピンクなどの、きれいな花です」

「加賀千代女の俳句で、［　］の中に4文字の言葉が入ります。夏の印象が強い花ですが、実は秋の季語なんですよ」

「早朝に咲き、昼にしぼむので、この名がついたと、いわれています」※諸説あり。

覚えているかなクイズ

歌を歌ったあとに、歌詞に出てくる言葉を問うクイズを出します。秋がテーマの歌や普段よく歌う歌で楽しみましょう。

クイズの前に、こんな話をしてみましょう

- 「これから皆さんご一緒に歌を歌いましょう」
- 「歌ったあとに歌詞に出てくることを質問するので、答えてくださいね」

1 「里の秋」を歌う

ホワイトボードに歌詞を書いた紙を貼り、見ながら歌う。

言葉かけ例

「歌詞を見ながら歌いましょう」

「歌詞をよく覚えておいてくださいね」

里の秋
静かな静かな
里の秋
お背戸（せど）に木の実の
落ちる夜は
ああ　母さんと
ただ二人
栗の実煮てます
いろりばた

2 クイズを出す

歌詞を書いた紙をはずし、クイズに答えてもらう。
ホワイトボードに正解を書き出す。

言葉かけ例

「『秋』という言葉は、何回出てきたでしょう？」
→ ［答え］1回

「誰が出てきますか？」→ ［答え］母さん（と自分）

「母さんと煮たのは何でしょう？」→ ［答え］栗

「どこで煮ていますか？」→ ［答え］いろり

「『さ』という文字は何回出てきましたか？」
→ ［答え］2回

1回
母さん
栗

いろり！

3 もう一度歌う

歌詞を書いた紙を再度貼り、もう一度歌う。

> ### 言葉かけ例
>
> 「歌詞の情景を思い浮かべながら
> もう一度皆さんで歌ってみましょう」

4 秋の思い出をたずねる

秋の思い出や、歌詞に出てくる言葉で思い出すことを
たずねる。

> ### 言葉かけ例
>
> 「秋といえば何を思い浮かべますか?」
>
> 「秋の食べ物で何が好きですか?」
>
> 「ほかにどんな秋の歌をご存じですか?」
>
> 「秋の七草を知っていますか?」（はぎ、すすき、
> ききょう、なでしこ、くず、ふじばかま、おみなえし）

問題例

『ちいさい秋みつけた』

誰かさんが　誰かさんが
誰かさんが　みつけた
ちいさい秋　ちいさい秋
ちいさい秋　みつけた
めかくし鬼さん
手のなる方へ
すましたお耳に
かすかにしみた
よんでる口笛　もずの声
ちいさい秋　ちいさい秋
ちいさい秋　みつけた

> ### 言葉かけ例
>
> 「何をして遊んでいますか?」
> → ［答え］めかくし鬼
>
> 「みつけたのは、どんな秋でしょう?」
> → ［答え］ちいさい秋
>
> 「何の声がしますか?」 → ［答え］もず
>
> 「『小さい秋』って何回言いましたか?」
> → ［答え］6回
>
> 「『お耳』をどうしたから、しみたのでしょう?」
> → ［答え］すましたから

『月の沙漠』

月の沙漠を　はるばると
旅の駱駝が　ゆきました
金と銀との　鞍置いて
二つならんで　ゆきました
金の鞍には　銀の甕
銀の鞍には　金の甕
二つの甕は　それぞれに
ひもでむすんで　ありました

> ### 言葉かけ例
>
> 「歌詞の中に出てくる、空に見えるものは
> 何でしょう?」 → ［答え］月
>
> 「どんな生きものが出てきますか?」
> → ［答え］駱駝（らくだ）
>
> 「何頭でしょう?」 → ［答え］2頭
>
> 「鞍の色は何色でしたか?」 → ［答え］金と銀
>
> 「金の鞍に乗っていたものは何ですか?」
> → ［答え］銀の甕（かめ）

[監修] 森木勇一郎

介護老人保健施設　都筑シニアセンター
在宅支援リハビリ部主任

1978年生まれ。鹿児島県生まれ東京育ち。神奈川県立保健福祉
大学大学院博士前期課程修了。神奈川県立保健福祉大学特別研
究員。作業療法士。施設、地域問わず様々な場面でレクリエーショ
ンを実践。介護レクリエーション情報誌『レクリエ』にて掲載多数。
著書に『楽しい！ 高齢者向け人気レクリエーション』(学研プラス) な
どがある。

●レクリエブックス

スキマ時間に！ 少人数でもできる！
脳トレで機能向上
ホワイトボードレク

発行日	2021年 9 月30日　初版第 1 刷発行 2022年10月15日　　第 2 刷発行
監修	森木勇一郎
発行者	石垣今日子
発行	株式会社世界文化ライフケア
発行・発売	株式会社世界文化社 〒102-8194 東京都千代田区九段北4-2-29 電話　編集部　03-3262-3913 　　　販売部　03-3262-5115
印刷・製本	図書印刷株式会社
表紙イラスト	丹下京子
本文イラスト	かまたいくよ (p.6-16)　フジサワミカ (p.20-28) 秋葉あきこ (p.32-49)　藤田ヒロコ (p.50-69) 浅羽ピピ (p.70-71)　小野寺美恵 (p.72-79)
表紙デザイン	村沢尚美 (NAOMI DESIGN AGENCY)
本文デザイン	村沢尚美 (NAOMI DESIGN AGENCY) 宮崎恭子 (NAOMI DESIGN AGENCY) 可野佑佳
編集協力	大口理恵子　宮田麻有子
校正	株式会社円水社
製版	株式会社明昌堂
企画編集	嶋津由美子　小倉良江

※本書は、介護レクリエーション情報誌『レクリエ』2017年〜 2021年掲載分に、
　一部加筆・修正を行い再編集したものです。